TAROT
Spiegel der Seele

Gerd B. Ziegler

TAROT

Spiegel der Seele

Persönlichkeitskarte 8 E Eremit
Jahreswachstumskarte 11 9
Beziehungskarte 8 ?

Urania Verlags AG

31. Auflage: 261. bis 270. Tausend, 1996

ISBN 3-908644-36-4

Urania Verlags AG, CH-8212 Neuhausen

Satz: GBS, Lyss
Druck: Fuldaer Verlagsanstalt GmbH, Fulda
Printed in Germany

Inhaltsverzeichnis

Ein Danke
an Waduda, die mich mit
dem Crowley-Tarot bekanntmachte,
an Michaela, die mich einlud, dieses Buch zu schreiben,
an Prabhato, die mir hilfreich und unter-
stützend zur Seite stand, und vor
allem an meine Innere Führung, die Tarot wählte, um Menschen
auf der Suche nach ihrer eigenen Wahrheit zu ermutigen.

Vorwort

So, wie wir einen Spiegel benützen, um unser Äußeres zu betrachten, können wir die Bilder des Tarot gebrauchen, um uns unserer inneren Wirklichkeit zu nähern. Eine abenteuerliche Entdeckungsreise! Die Tarotbilder sind ein Spiegel der Bilder unserer Seele. Je länger wir hineinsehen, desto mehr entdecken wir über uns selbst und unser Leben.

Ein Spiegel reflektiert die sichtbare Realität, ohne sie zu bewerten. Er zeigt uns Schönes und Häßliches, Angenehmes und Unangenehmes. Er hat keine andere Wahl. Ich kann ihn wegstellen oder zertrümmern; meine eigene Wirklichkeit bleibt davon unberührt.

Die Bilder der Tarotkarten beschreiben seelische Zustände. Wir können sie betrachten, um unser Inneres aus unterschiedlichen Perspektiven kennenzulernen. Sie sind weder »positiv« noch »negativ«, weder für noch gegen uns. Sie geben Hinweise, die wir selbst überprüfen, verwerfen oder berücksichtigen, ignorieren oder annehmen können.

Viele Menschen haben Angst vor ihrer eigenen inneren Realität. Sie geben vor, sich selbst zu kennen, und wenden sehr viel Energie auf, ihre eigene Welt aufrechtzuerhalten. Je fester und unerschütterlicher jemand sein Selbstbild verteidigt, desto deutlicher zeigt sich die fehlende Substanz hinter der verzweifelt aufrechterhaltenen Fassade. Jede Abwehr jedoch, jedes Nicht-wahr-haben-wollen bedeutet Angst, Einengung, Selbstbeschränkung, Unfreiheit und Isolation. Die eigene Realität bleibt unterbewußt und unerkannt.

Wir können uns nicht selbst annehmen, solange wir vor unserer inneren Wirklichkeit auf der Flucht sind. Wahre Selbstliebe trägt das Verlangen nach tiefer Selbsterkenntnis in sich. Nur das, was wir in uns selbst erkannt, angenommen und entwickelt haben, können wir mit anderen Menschen teilen. Jeder Veränderung unserer äußeren Umstände geht eine Verwandlung im Inneren voraus. Bewußt umgestalten können wir nur das, was wir als veränderungsbedürftig erkannt haben.

Sich selbst kennenzulernen ist mitunter riskant. Neue Sichtweisen können alte Einstellungen und Gewohnheiten radikal in Frage stellen und bis in die Grundfesten hinein erschüttern (vgl. Tarotkarte »Der Turm«). Dennoch ist dieser Vorgang unerläßlicher Bestandteil jedes transformatorischen Entwicklungsprozesses. Nur das können wir verlieren, was nicht wirklich zu uns gehört; nur das kann zerstört werden, was nicht in unserem wahren Wesen wurzelt.

Die »Belohnung« für eine solche innere Reinigung ist groß. Mit jedem Entlarven und Loslassen einer Illusion über uns selbst nähern wir uns unserer eigenen unzerstörbaren, unbegrenzten Kraft. Nur dort können wir ausruhen, wo wir und die Ruhe eins geworden sind; nur dort sind wir zu Hause, wo wir und das Zuhause eins geworden sind.

Dieses Begleitbuch zum Crowley-Thoth-Tarot soll zur eigenen Arbeit mit den Karten anleiten. Es gibt Anregungen zum Spiel und zum Verständnis der Karten und kann auch die Funktion eines Wegweisers in alltäglichen Lebenssituationen oder problematischen Entscheidungen übernehmen. (Wer das Bedürfnis hat, mehr über sich selbst und den Gebrauch der Karten zu lernen, sei auf die Möglichkeit, einen meiner Tarotkurse und Trainings zu besuchen, hingewiesen.)

Tarot, so wie ich es verstehe, bedeutet Subjektivität und existentielles Betroffensein. Die Bilder sind Spiegel für eigene unterbewußte Regungen und können diese dem Bewußtsein entschlüsseln. Mitunter überraschen sie uns. Doch wissen wir die Botschaft der Karte zu deuten, so wie man einen verworrenen Traum zu deuten vermag, enthüllen sich uns neue innere Bereiche, die uns Einblicke gewähren in die Mysterien des Universums mit seinen allumfassenden kosmischen Gesetzmäßigkeiten, von denen wir ein Teil sind.

Zolling, Februar 1995

1. Wozu dient uns Tarot?

Tarot ist als Hilfe zur Selbsterforschung und Selbsterkenntnis gedacht. Diese Funktion können die Karten tatsächlich in mancherlei Hinsicht übernehmen. Im folgenden zähle ich – ohne Anspruch auf Vollständigkeit – einige Aspekte auf, die für mich persönlich auf meinem Weg und im Umgang mit Tarot im Vordergrund standen und immer noch stehen.

A. Erweiterung und Schulung der eigenen intuitiven Wahrnehmung

Wir Menschen nutzen bis heute nur einen relativ kleinen Anteil unserer tatsächlichen Gehirnkapazität (ca. 12-17%). Nur ganz große Genies nähern sich den 20 %. Was ist mit den übrigen 80 %? Wir können uns kaum vorstellen, wie unser Leben aussehen könnte, wenn wir und die gesamte Menschheit ihr volles Potential leben würden! Die Erde wäre ein Paradies – und nichts geringeres ist letztendlich ihre Bestimmung. Dazu ist es notwendig, daß wir Menschen unsere geistigen Potentiale, unsere Intuition, unser unendliches inneres Wissen wiedererinnern und in Besitz nehmen. Die Schulung und Erweiterung unserer intuitiven Wahrnehmung ist ein wichtiger erster Schritt in diese erstrebenswerte Richtung.

B. Selbsterkenntnis und die Suche nach der eigenen Bestimmung

Jeder Mensch ist mit einem inneren Seelenplan, d.h. mit einer bewußten Absicht und einer besonderen Aufgabe in sein Leben eingetreten. In den Räumen aus Weite und Licht, aus denen wir kamen, um uns zu inkarnieren, haben wir auf Seelenebene beispielsweise gewußt, welche Lektionen wir in diesem eben lernen wollen und welche Menschen hier für uns wichtig sein werden. Wir haben uns bewußt unsere Eltern gewählt und die familiären Umstände, in die wir hineingeboren wurden. Der Übergang von Weite zu Enge, von Freiheit zu Begrenzung war jedoch so etwas wie ein

Schock. Mit der Inkarnation der Seele in eine raumzeitliche Dimension verläßt sie die feinstofflichen Räume der Zwischenwelten und begibt sich in einen Erfahrungsprozeß, der von Dualität und Materie bestimmt ist. Während des plötzlichen, schockierenden Wechsels vom Feinstofflichen ins Grobstoffliche geschieht in der Regel ein Verlust des Wissens um die Absichten und Motive, die den tieferen Sinn einer Inkarnation ausmachen: unsere Bestimmung.

So führen die meisten Menschen ein Leben in einem »vorbewußten« Zustand, in dem ihre Absichten und Ziele mehr oder weniger zufällig erscheinen. Sie leiden unter der scheinbaren Sinnlosigkeit ihrer Existenz. Sich von seiner inneren Ausrichtung, seinem ursprünglichen Lebensplatz zu entfernen bringt unweigerlich Leiden. Ein solches Leiden ist keine Bestrafung für Unbewußtheit, sondern kann als Versuch der inneren Führung angesehen werden, auf die Notwendigkeit von Bewußtseinserweiterung hinzuweisen.

Tarot kann einen wertvollen Beitrag zu unserer Selbsterkenntnis und unserer Suche nach der vergessenen Bestimmung übernehmen (s. auch mein Begleitbuch »Tarot – Spiegel deiner Bestimmung«).

C. Lebenshilfe durch Kontakt mit der inneren Führung

Wenn ich in meinen Seminaren und Trainings Tarot zur Klärung der persönlichen Lebensfragen einsetze, betone ich immer wieder, daß es niemals die Karten selbst sind, die uns Antworten geben, sondern vielmehr die innere Instanz von Weisheit und Führung, auf die wir uns ausrichten. Wir benutzen die Tarotkarten lediglich als ein Medium für diesen Kontakt nach innen. Diesem Wesenskern in uns können wir unterschiedliche Namen geben, die doch alle auf dasselbe Phänomen hinweisen: innere Führung, wahres oder höheres Selbst, die göttliche Essenz in jedem Menschen.

Die Qualität unseres Lebens reflektiert das Ausmaß, mit dem wir mit dieser wesentlichen, inneren, transzendenten Instanz in Verbindung stehen oder nicht. Erst die bewußte Ausrichtung auf diesen inneren Riesen, die göttliche Urkraft, den inneren Christus oder Buddha bringt uns in Kontakt mit unserer wahren Größe und mit einem Kraft-, Liebes- und Freudenpotential, das unsere Egogrenen erheblich erweitert und nach und nach sogar überflüssig macht.

Wenn wir im Umgang mit Tarot uns dieser inneren Führung bewußt werden und mit ihr leben lernen, haben wir einen unermeßlichen Reichtum in uns entdeckt und nutzbar gemacht.

D. Orientierungshilfe bei schwerwiegenden, aber auch alltäglichen Entscheidungen

Mehr noch als handelnde sind wir Menschen entscheidende Wesen. Vor jeder Handlung liegt eine Entscheidung. Unser gegenwärtiges Leben ist u.a. das Ergebnis der Entscheidungen, die wir – bewußt oder unbewußt – in der Vergangenheit getroffen haben.

Je freier und selbstbestimmter wir unser Leben gestalten, desto öfter befinden wir uns in Situationen, in denen unser Verstand allein nicht in der Lage ist, das Für und Wider tatsächlich ganz zu erfassen. Wenn unser Tagesbewußtsein, unser mentales Berechnen an seine eigenen Grenzen stößt, dürfen und sollten wir intuitive Methoden zur Entscheidungsfindung einsetzen. Die Tarotkarten sind – mit der Ausrichtung auf die innere Führung – dafür besonders geeignet. Unser Verstand übernimmt in diesem Prozeß lediglich die Aufgabe, alle Alternativen – einschließlich der mit ihnen einhergehenden Konsequenzen – sichtbar zu machen. Sind wir grundsätzlich offen für mehr als eine Entscheidungsmöglichkeit, können wir uns mit Hilfe der Karten an unsere innere Führung wenden. Wir erhalten wertvolle Hinweise über die unterschiedlichen Möglichkeiten, die das Leben für uns bereithält.

E. Klärung von Beziehungen

Einen Großteil unserer Lebenslektionen lernen wir in Beziehungen mit den Menschen, mit denen wir in Freundschaft und Liebe, aber auch in Haß, Streit oder Abhängigkeit verbunden sind. Bei allen persönlichen Lebensfragen kommen Fragen zur Klärung unserer Beziehungen am häufigsten vor. In der Tat gibt es (neben der beruflichen Situation) kaum einen Lebensbereich, der unser Befinden so tiefgehend und nachhaltig beeinflußt. Dieses Thema ist so wichtig, daß ich eigens zur Beziehungsklärung ein weiteres Buch geschrieben habe (Tarot – Spiegel deiner Beziehungen).

Mit Hilfe der Karten ist es leicht möglich, zunächst einmal für sich selbst, dann aber auch gemeinsam mit einem Partner (sofern dieser dafür offen ist) festgefahrene oder konfliktbeladene Situationen zu verstehen und eine Kommunikation auf höherer Ebene einzuleiten. Tarot kann uns wertvolle Hinweise für unser konkretes Verhalten geben sowie uns die Lektionen in unseren Beziehungen verständlich machen.

F. Hilfe für Meditation und innere Ausrichtung

Meditation ist an einem bestimmten Punkt unserer Entwicklung nicht nur ein Luxus, den wir uns leisten können, sondern wird mehr und mehr zur Notwendigkeit. So wie wir in unserer Wohnung für Sauberkeit und Klarheit sorgen, so sollten wir auch unsere inneren Räume pflegen. Durch die ständigen Außenreize und Einflüsse sammelt sich immer wieder in unserem Bewußtsein »Staub« an, der am besten täglich entfernt werden sollte. Auf diese Weise bleibt unsere Verbindung mit der inneren Führung ungetrübt erhalten.

Wir sollten für uns ein eigenes Meditationsritual entwickeln, das Körperübungen, Atem, mentale Ausrichtung und Stille beinhalten kann (Anleitungen geben wir u.a. in unseren Seminaren von »Vision der Freude« und »Erfolg – Reich – SEIN«). In dieses kleine Ritual der inneren Ausrichtung läßt sich Tarot – am Anfang oder am Ende – wunderbar einbauen. Wir können dann unsere aktuellen Lebensfragen stellen oder auch ganz allgemein fragen: »Was wollen die gegenwärtigen Ereignisse mich lehren?« Auf diese Weise bleiben wir in Verbindung mit unserer inneren Führung und erleben wacher und bewußter als sonst die vielfältigen Ereignisse des Lebens. Wir finden Schritt für Schritt zurück zu Fülle und Einfachheit des Seins, zum Staunen unseres inneren Kindes in einer

Welt voller Wunder, Abenteuer und Geschenke der Liebe. Nicht die »realen Ereignisse« bestimmen unser Lebensgefühl, sondern vielmehr die **Bedeutung,** die wir ihnen geben! Lernen wir, aus der inneren, erweiterten Sicht unseres wahren göttlichen Wesens zu sehen, erscheint auch die heutige Welt mit ihren Turbulenzen, Herausforderungen, ja auch mit ihrem Wahnsinn als etwas, das dennoch von einer höheren Warte gesehen notwendig, lehrreich und sinnvoll ist. Die Liebe, die höchste Kraft in diesem Universum, läßt den Menschen Freiheit – kann vergessen, doch niemals besiegt oder beseitigt werden. Gesegnet sind die Menschen, die bei allem äußeren Chaos in sich den Anker der Ruhe gefunden haben, der nicht verletzt oder zerstört werden kann, und der allen zeitlichen Wandel überdauert.

Wir sind nicht nur unser Körper, denn dieser ist ständigen Veränderungen unterworfen. Wir sind auch nicht unsere Gedanken und Gefühle, deren Kommen und Gehen wir beobachten können wie das Wetter, das ständig wechselt. Wir sind ebensowenig nur die vielfältigen Rollen, die wir in unserem alltäglichen Leben spielen und einnehmen. Denn in diese können wir beliebig hinein und auch wieder herausschlüpfen. In unserer Essenz sind wir vollkommenes, unsterbliches Bewußtsein! Wir waren schon immer und werden in unterschiedlichen Körpern und Formen immer sein! In dem Maße, wie wir uns unseres wahren Selbst bewußt sind, werden wir frei von blindem, angsterfülltem Verhaftetsein mit den äußeren Geschehnissen. Wir werden uns der Einen Kraft bewußt, die alles durchdringt, die sich in ihren eigenen Gesetzmäßigkeiten offenbart. Wir feiern immer lebendiger die großartigen Gelegenheiten des Lernens und der Bewußtwerdung, die das Leben uns schenkt. Dann erkennen wir, daß selbst schmerzhafte Erfahrungen niemals »schlechte Erfahrungen« sind, sondern immer nur liebevolle oder dringende Hinweise, einen weiteren notwendigen Schritt zu tun.

In diesem Sinne verhilft uns Tarot zu einer erweiterten Sicht unserer selbst und unseres Lebens sowie der allen Erscheinungen zugrundeliegenden Energien, Gesetze und Wirkungskräfte.

Ich freue mich sehr, meine Tarotfreunde und Weggefährten mit meinen Büchern auf diesem Weg zu unserem gemeinsamen Ziel – zu uns selbst – begleiten zu dürfen.

2. Das System des Tarot

Tarot ist ein uraltes, durch Mysterienschulen zeitweise geheim überliefertes Weisheitssystem. Das tiefe Wissen findet seinen sichtbaren, zum Teil jedoch durch Symbole verschlüsselten Ausdruck in der Zusammenstellung von eindrucksvollen Bildern. Jede Karte ist Träger einer ihrem Symbolgehalt entsprechenden Energie. Ursprünglich wurde Tarot als eine Art Weisheitsbuch – ähnlich dem chinesischen ›I Ging‹ – angesehen und als Ratgeber herangezogen. Deshalb existieren auch Definitionen wie Rad, Weg, Landkarte, Gesetz etc.

In der Tat wurde Tarot als Orientierungshilfe auf dem unüberschaubaren Weg der eigenen Bewußtwerdung benutzt. Es galt als Führer in den Gebieten innerer Transformation – Geheimnisse enthüllend und die Sichtweisen von sich selbst und dem Kosmos erweiternd. Erst viel später wurde dieses Weisheitsbuch in ein System von Bildern übertragen.

Die 80 Karten des heute vorliegenden Tarots können als eine symbolische Landkarte betrachtet werden, als Wegweiser und Meilenstein auf dem Weg der inneren Reise. Der rechte Gebrauch vermittelt Einsichten und klärende Erkenntnisse über die jeweilig befragte Lebenssituation. Durch seinen bedeutsamen transformatorischen Wert kann Tarot zu wertvollen Durchbrüchen, mehr Klarheit und erweiterter Wahrnehmung dessen führen, was uns in unserem Leben am meisten beschäftigt und am tiefsten berührt. Es enthält Hinweise auf unsere besonderen Stärken und deckt blinde Flecken auf, wenn wir bereit sind, diese einzugestehen.

Tarot sollte ausschließlich für persönliches Wachstum genutzt werden, keinesfalls jedoch um andere Menschen oder das Leben selbst zu manipulieren.

Die Karten sind unterteilt in 22 Große Arkanen (O. bis XXI.), 16 Hofkarten und 40 Kleine Arkanen. Die Großen Arkanen oder auch Trumpfkarten weisen – neben der persönlichen, die jeweilige Situation des Fragenden betreffenden Bedeutung – auf eine übergeordnete universelle Lehre hin, der kosmische Gesetzmäßigkeiten zugrunde liegen. Sie stellen eine Antwort auf die besondere Frage des Augenblicks dar, weisen aber auch gleichzeitig auf allgemein bedeutungsvolle Zusammenhänge für das Leben des Betreffenden hin. Wir können die großen Arkanen auch als Urbilder oder Archetypen menschlicher Bewußtseins- und Entwicklungsstufen bezeichnen. Sie stellen übergeordnete Schritte auf unserem Lebensweg dar und deuten auf unsere Lebensthemen und -aufgaben.

Die **Hofkarten** stehen häufig mit wichtigen Personen in unserem Leben in Beziehung. Sie zeigen uns, was wir zu lernen haben und auch meistern wollen. Ebenso machen sie uns mit jenen Bereichen bekannt, in denen wir besonders talentiert sind.

Die **Kleinen Arkanen** betreffen die kleineren unmittelbaren Lektionen des Lebens. Sie sind aufgeteilt in je 10 Stäbe, Kelche, Schwerter und Scheiben.

Die **Stäbe** sind dem Element Feuer zugeordnet und stehen für Energie im allgemeinen, insbesondere auch für Sexualität (männlicher Aspekt), Tatkraft, Wahrnehmung, Intuition, Intensität, Dynamik.

Die **Kelche** sind dem Element Wasser zugeordnet und beziehen sich auf die innere emotionale Realität. Sie befassen sich mit Liebe, Gefühlen, Austausch in Beziehungen, Sexualität (weiblicher Aspekt), Hingabe.

Die **Schwerter** sind dem Element Luft zugeordnet und beschreiben mentale, gedankliche Zustände und Prozesse. Gleichzeitig ist die mentale Ebene am anfälligsten für Störungen, die das Gewonnene immer wieder auf die Probe stellen. Die Schwertkarten zeigen die geistigen Kräfte, mit denen wir unser Leben – zumeist unbewußt – gestalten.

Die **Scheiben** sind dem Element Erde zugeordnet und weisen auf die äußere, materielle, physische Realität hin. Das Äußere präsentiert sich als Spiegel des Inneren. Die Auseinandersetzung mit der Erde umfaßt Körper, Gesundheit, Nahrung, Kleidung, Besitz, Finanzen, Armut und Reichtum.

3. Das Crowley – Thoth – Tarot

Das Crowley-Thoth-Tarot vereinigt in seinen Bildern eine Vielfalt von Symbolen und verbindet Astrologie, Numerologie, Visualisation mit der Symbolik verschiedener Weisheitsschulen. Frieda Harris, die jahrelang an den Bildern arbeitete, war selbst Ägyptologin. Ihr Wissen und tiefes Verständnis um die Symbole ist in die Gemälde eingegangen. Sie verarbeitete in den 78 Karten ca. 1200 Symbole, deren wichtigste im letzten Teil dieses Buch erklärt werden.

Die Entstehung des Thoth-Decks geht auf die Aktivitäten der »Golden Dawn Society« zurück; einer Gruppe brillanter Köpfe, die sich unter anderem zum Ziel gesetzt hatte, das westliche Gesellschaftssystem durch die Arbeit mit Symbolen zu verändern. Sowohl Arthur Edward Waite (vgl. »Rider-Waite-Tarot«) als auch Aleister Crowley waren Mitglieder dieser Gemeinschaft. Waite wählte für sein Tarot eher zeitgenössische Symbole, während Crowley sich zum Ziel setzte, weit zu den Wurzeln zurückzugehen.

Dieses Deck verdankt seine besondere Gestaltung der Begegnung von Frieda Harris mit Aleister Crowley. Harris gab ihre Zustimmung zur Gestaltung der Bilder unter der Bedingung, daß Crowley während ihrer Arbeit abwesend sein müsse und nicht in schwarzmagische Praktiken verwickelt sein dürfe. Er stimmte zu, in der Annahme, daß Harris ihre Arbeit in wenigen Monaten beendet haben würde. Tatsächlich arbeitete sie 5 Jahre an den Bildern (von 1938-1943).

Als Grundlage für die Bilder dienten Frieda Harris Crowleys Skizzen oder Beschreibungen. Obwohl sie selbst mit Tarot nicht sehr vertraut war, beeinflußte und ergänzte ihr intuitives Verstehen und weitreichendes Wissen doch in starkem Maße seine Vorstellungen. Oftmals malte sie eine Karte viele Male neu, bis sie endlich mit ihrer Ausführung zufrieden war. Dieser Tatsache verdanken wir die *drei Magier*, die seit 1986 veröffentlicht wurden. Es handelt sich dabei um die beiden anderen Magierentwürfe, die

Frieda Harris zusätzlich zu dem von Crowley autorisierten gemacht hat.

Weder Crowley (gest. 1947) noch Harris (gest. 1962) veröffentlichten das Deck zu ihren Lebzeiten. Erst 1969 fotografierte und veröffentlichte Major Grady L. McMurtry die von Harris fertiggestellten Bilder. Das heute vorliegende Deck wurde in dieser Form erstmals 1977 veröffentlicht.

4. Der Gebrauch des Tarot

A. Das Ziehen einer Karte

Das Ziehen von Karten sollte stets durch einige kleine Rituale vorbereitet werden. Es ist gut, die Karten in einem besonderen Kästchen oder in einem schönen einfarbigen Tuch aufzubewahren.

Wendet man sich ans Tarot als weisen Ratgeber in bedeutsamen Lebensfragen, so sollte man dem Augenblick etwas Schönes und Meditatives geben. Die Karten werden in Ruhe sorgfältig gemischt und in einem Fächer mit den Bildern nach unten auf dem ausgebreiteten Tuch ausgelegt. Eine angezündete Kerze, ein Blumenstrauß, das Bild eines geliebten Menschen oder sonst irgendein persönlicher Gegenstand können die Situation in etwas Besonderes und Feierliches verwandeln.

Vorbereitend sollten die Hände kurz (oder bei Bedarf auch kräftig) ausgeschüttelt werden. Dadurch werden Spannungen gelöst und die Energie fließt leichter hindurch. Gezogen wird stets mit der linken Hand.

Doch das Wichtigste ist die Frage, auf die das Tarot antworten soll. Fragen an das Tarot sind Fragen an die eigene innere Führung. Es ist dies die jedem Menschen innewohnende Weisheit, die unserem Bewußtsein weitgehend verlorenging und aufs neue wiederentdeckt werden kann. Je klarer und eindeutiger diese Fragen formuliert sind, desto sicherer kann Tarot seine Funktion als Spiegel ausüben. Vor und während des Ziehens können die Augen geschlossen sein (manche Menschen finden die Karten auch visuell). Der Atem fließt tief und weich zum Herzen. Das Bewußtsein ist voll auf die Frage gerichtet; dann ganz einfach der suchenden Hand vertrauen und sich von einer Karte anziehen lassen!

Das Wichtigste für das Verständnis des Bildes ist die allerererste spontane Reaktion. Erst nachdem man diese sich selbst klargemacht hat, sollte das Begleitbuch zur Hand genommen werden. Hier können einige zusätzliche Anregungen entnommen werden, die das eigene Verständnis vom Bild vervollständigen. An die meisten Kartenerklärungen angeschlossen befinden sich persönliche Hinweise, weiterführende Fragen und Anregungen sowie Affirmationen (das sind positive, lebensunterstützende Aussagen zur Selbstannahme, die widerstrebende Gefühle und einschränkende negative Muster bewußt machen und früheren lebensfeindlichen Glauben ersetzen). Sie sind gedacht als eine Anleitung zur eigenen Arbeit mit den Karten. Mitunter werden die dort gestellten Fragen und gegebenen Anregungen der besonderen Situation nicht ganz entsprechen. Dann sollte man die Hinweise ganz einfach übertragen und selbst entsprechende Fragen für sich finden.

B. Warum ziehe ich ausgerechnet diese Karte?

Das Finden und Ziehen einer bestimmten Karte kann mit dem Begriff der Synchronizität in Zusammenhang gebracht werden. Dieser Ausdruck stammt von C. G. Jung, dessen Lebenswerk die Erforschung der archetypischen Bilder und Symbole der Seele war. In seinen langjährigen Studien und Experimenten mit dem chinesischen Buch der Wandlungen (I Ging) stieß er immer wieder auf ein Phänomen, das er Synchronizität nannte. Es bezeichnet einen – noch unzureichend erforschten – Zusammenhang von Ereignissen, zwischen denen eigentlich keine logisch überprüfbare Verbindung besteht.

Wir alle kennen solche »Zufälle« aus unserem Leben: Wir sind z. B. gerade im Begriff, einen Bekannten anzurufen, da klingelt das Telefon, und er ist an der Leitung. Wir lesen in der Zeitung von einem Großbrand, da fällt uns ein, daß wir in der vergangenen Nacht von einem brennenden Haus geträumt haben. Wir schalten den Fernseher ein und sehen ein Fußballspiel, und ohne weiter darüber nachzudenken wissen wir, welche Mannschaft gewinnen wird… und sie gewinnt tatsächlich. Die Beispiele ließen sich endlos lange fortsetzen.

Das Wissen zum Verständnis solcher Phänomene ist uns weitgehend verlorengegangen. Oft erscheinen unsere inneren Botschaften so verschlüsselt, daß wir nicht in der Lage sind, ihre Bedeutung zu erfassen. Tarot kann als Schlüssel zu den Bildern und Zuständen unserer seelischen Bereiche benützt werden. Jedes Bild einer gezogenen Karte spiegelt einen Aspekt unseres Inneren in diesem Augenblick wider.

Konsequent weitergeführt bedeutet das Prinzip der Synchronizität, daß unsere gesamte Wahrnehmung von der Welt, die Ganzheit unseres Er-Lebens mit unserem Seelischen synchron einhergeht. Unsere Wahrnehmung und Bewertung der Außenwelt ist ein Spiegel, eine Projektion unserer Innenwelt und wirkt auf diese zurück. Innen und Außen stehen zueinander in Wechselwirkung und bedingen sich gegenseitig. In diesem Sinne erschafft sich buchstäblich jeder seine eigene Realität jeden Augenblick aufs neue. Wer dies erkennt und akzeptiert, ist bereit, die volle Verantwortung für sich selbst und sein Leben zu tragen.

Die Bilder und Symbole des Tarot übernehmen im Prozeß des Kartenziehens die Funktion eines Vermittlers. Ein und dieselbe Karte wird für unterschiedliche Menschen verschiedene Bedeutungen haben und auch demselben Menschen in verschiedenen Zeiten und Lebenssituationen etwas anderes sagen. Die gezogene Karte zeigt also einen, für den jeweiligen Augenblick bedeutsamen seelischen Aspekt. Sie ist Ausdruck und Träger der ihrem Symbolgehalt entsprechenden Energie, die mit der aktuellen Energie des Ziehenden korrespondiert bzw. synchron einhergeht. Die Hand, die suchend über die Karten geht, wird von der Energie des Bildes, das der inneren Ausrichtung entspricht, angezogen.

An dieser Stelle sei eindringlich betont, daß es niemals die Tarotkarten selbst sind, die uns eine Antwort geben können! Die Antwort erhalten wir stets von unserer inneren Führung oder inneren Weisheit, auf die wir uns jeweils bewußt ausrichten sollten. Die Bilder der Karten dienen uns lediglich als ein Hilfsmittel oder Medium, mit dem wir uns aber intuitiven Zugang zu unserem inneren Wissen erleichtern.

C. Wie begegne ich dem Tarot?

Jeder, der Tarot spielt, bestimmt selbst, welche Bedeutung dieses Weisheitsbilderbuch in seinem Leben erhält. Dies geschieht durch die persönliche Haltung, die innere Einstellung, mit der wir uns den Karten nähern. Ist es bloße Neugier, ist es Skepsis, ist es Bereitschaft zu experimentieren und der echte Wunsch, sich selbst tiefer zu begegnen und kennenzulernen? Wie auch immer die bewußten Motive aussehen mögen, es ist wichtig, dem Tarot spielerisch, humorvoll, keinesfalls tierisch ernst zu begegnen. Es erinnert uns immer wieder daran, daß alles Leben ein Spiel ist und spielerisch gelebt werden sollte, ungeachtet dessen, wie wichtig uns eine bestimmte Angelegenheit zu einem gewissen Zeitpunkt erscheinen mag. Tarot hilft uns, die Dinge aus einer gewissen Distanz zu betrachten. Es lehrt uns, aus neuen Perspektiven zu sehen und die Welt mit erweiterter Wahrnehmung zu begreifen.

Wer bereit ist, Tarot als einen Ratgeber in existentiellen Bereichen des Lebens zu akzeptieren und heranzuziehen, der sollte ihm mit einem offenen, liebevollen Respekt begegnen, etwa so, wie man einem guten, weisen Freund gegenübertritt. Es ist dann möglich, eine lebendige, intime Kommunikation zu entwickeln, und man mag aus dem Staunen nicht herauskommen, wie direkt Tarot antwortet und verborgene Aspekte offenlegt.

Nochmals sei betont: Oberstes Ziel der Beschäftigung mit den Karten ist stets das wachsende Vertrauen in die Wahrnehmung der eigenen inneren Wirklichkeit, das Hörenlernen auf die Stimme des eigenen Herzens, das Entdecken des eigenen inneren Führers.

D. Die Kunst, Fragen zu stellen

Die Art der Fragen, die wir an Tarot richten, bestimmt immer schon die Qualität der Antworten. Je klarer und eindeutiger unsere Fragen formuliert sind, desto deutlicher werden die Antworten sein, die wir erhalten. Im folgenden nun einige wichtige Hinweise zu der Art der Fragestellung und zu den Lebensbereichen, auf die sich unsere Fragen beziehen können.

Hinweise zum Verständnis des Hier und Jetzt:

Beispiel: »Ich ziehe eine Karte für mich in diesem Augenblick an diesem Ort.«

»Wie sieht meine innere Realität jetzt aus?«

»Wo stehe ich gerade?«

»Welchen besonderen Einflüssen bin ich hier und jetzt ausgesetzt?«

»Worauf sollte ich mich ausrichten?«

»Wie soll ich mich jetzt verhalten?«

»Was will mich diese Situation/dieses Ereignis lehren?«

Auf alle Fragen, die das Verständnis der Gegenwart betreffen, gibt Tarot bereitwillig Antwort. Selbstverständlich können die oben angeführten Beispiele beliebig – entsprechend der konkreten Situation – abgewandelt und ergänzt werden. Es ist gut, sich für nicht mehr als drei Fragen zu entscheiden. Ebenso sollte man sich vor jeder Frage prüfen, inwieweit man tatsächlich bereit ist, die Hinweise und Antworten des Tarot anzunehmen, auch wenn diese dem eigenen Ego nicht gerade schmeichelhaft erscheinen mögen. Man sollte sich immer wieder in Erinnerung rufen, daß Tarot mitunter dazu da ist, uns aus eingefahrenen Geleisen herauszuwerfen und unsere bisherige eingeschränkte Sicht der Realität zu erweitern.

Entscheidungen treffen:

Die Schwierigkeit einer Entscheidung kann sowohl ganz banale, alltägliche Angelegenheiten betreffen als auch tiefgreifende, das ganze Leben verändernde Alternativen. Wenn man Tarot zur Hilfe heranzieht, sollte man sich wiederum prüfen, wie weit die innere Bereitschaft vorhanden ist, den möglicherweise klaren Hinweisen des Tarot auch Folge zu leisten. Wird es mißbraucht, d.h. werden wichtige Botschaften wiederholt mißachtet, so verlieren die Karten bald ihre Aussagekraft und die Antworten werden unklar.

Wenn wir uns zwischen verschiedenen Möglichkeiten entscheiden müssen, sollten wir uns zuallererst Klarheit über die bestehenden Alternativen – einschließlich aller voraussehbaren Konsequenzen – verschaffen. Wir sollten nur für jene Alternativen Karten ziehen, für die wir tatsächlich offen sind. Ist diese Offenheit von vornherein ausgeschlossen, wäre es sinnlos, Tarot zu befragen.

Beispiel 1: Ich stehe beruflich vor der Entscheidung, mich (a) entweder stärker in meiner momentanen Stellung zu engagieren oder (b) diese ganz aufzugeben, um frei zu sein für etwas ganz Neues. Für beide Möglichkeiten ziehe ich eine Karte und bin bereit, die Hinweise des Tarot anzunehmen.

Antwort des Tarot: Für Möglichkeit (a) Fünf Kelche (»Enttäuschung«); für Möglichkeit (b) As der Scheiben; (vgl. Beschreibungen der Karten). In diesem Fall entscheidet Tarot eindeutig für die Möglichkeit (b). Es ist dies ein Hinweis, für einen beruflichen Wechsel offen zu sein.

Beispiel 2: Seit einiger Zeit ist meine Beziehung zu Partner X äußerst angespannt. Ist (a) eine Trennung für uns beide hilfreich oder sollten wir (b) in der Beziehung bleiben und uns mehr oder offener auseinandersetzen und uns den bestehenden Spannungen stellen?

Antwort des Tarot: Für Möglichkeit (a) Acht Kelche (»Trägheit«); für Möglichkeit (b) Prinz der Stäbe;

Hier zeigt Tarot ganz klar, daß eine Trennung zu diesem Zeitpunkt nur einer Flucht vor notwendiger, fruchtbarer Auseinandersetzung gleichkäme (vgl. Beschreibung beider Karten).

Fragen über die Vergangenheit:

Fragen über die Vergangenheit zeugen immer von unabgeschlossenen, unbewältigten Situationen oder Beziehungen. Tarot kann als Hilfe zur Klärung und Bewältigung solcher unverarbeiteter Ereignisse benutzt werden. Zum Schluß sollte man jedoch stets nach der Konsequenz der alten Lernerfahrung für die Gegenwart fragen.

Beispiele: »Woran halte ich fest? Wovon sollte ich jetzt loslassen?«

»Was hatte ich damals zu lernen?«

»Was habe ich damals vermieden?«

»Welche Bedeutung habe ich den damaligen Ereignissen gegeben?«

»Was ist heute zu tun, um das Unabgeschlossene zu beenden?«

»Welchem Menschen habe ich noch nicht vergeben? (Noch nicht freigelassen?)«

Fragen über die Zukunft:

Fragen über die Zukunft gehören zu den beliebtesten und sind doch die heikelsten. Sie sollten am sorgfältigsten gewählt und am kritischsten hinterfragt werden. In der Regel verweigert Tarot Antworten zu Fragen, die aus bloßer Neugier oder Mißtrauen gestellt werden oder einer Haltung entspringen, die eigene Verantwortung für den Verlauf des Lebens nicht übernehmen zu wollen. Dennoch meine ich nicht, daß Fragen an die Zukunft ganz tabu sein sollten. Es spricht vieles für die Annahme, daß die Zukunft in jedem Augenblick ebenso vorhanden ist wie die Begebenheiten der Vergangenheit. Tarot kann durchaus als Ratgeber zu bevorstehenden Ereignissen herangezogen werden.

Beispiel 1: Eine Begegnung mit einem Menschen steht bevor. Mögliche Fragen ans Tarot:

»Was bedeutet für mich die Beziehung zu diesem Menschen?«

»Was bedeutet die bevorstehende Begegnung für mich/für unsere Beziehung?«

»Was bringt dieser Mensch mir entgegen?«

»Wie sollte ich mich ihm gegenüber verhalten?«

»Was kann ich im Umgang mit ihm lernen?«

Beispiel 2: Eine bevorstehende Aufgabe (Geschäft, Prüfung, Entscheidung, Reise...). Mögliche Fragen ans Tarot:

»Was bedeutet diese Aufgabe in bezug auf mein Leben?«

»Was bekomme ich, wenn ich mich dieser Aufgabe gänzlich stelle (bzw. ihr ausweiche)?«

»Welche Lebenslektion habe ich dabei zu lernen?«

»Welches sind meine größten Hoffnungen und Befürchtungen?«

»Wie sollte ich der Aufgabe begegnen?«

Fragen über abwesende Personen:

Es ist durchaus legitim, Beziehungen auch mit abwesenden Personen zu klären oder Auskünfte über Menschen einzuholen, denen wir in besonderer Weise verbunden, jedoch nicht körperlich nahe sein können. Wir tun dies ohnehin ständig in Gedanken. Jedoch sollten wir stets vorab mit einer Tarotkarte prüfen, ob es gerade jetzt der richtige Zeitpunkt ist, mit dem betreffenden Menschen in Verbindung zu treten. Erhalten wir eine bestätigende Antwort, so kann man sich mit der inneren Führung dieses Menschen in Verbindung setzen und jene Fragen kommen lassen, die man über ihn stellen möchte. Mit der jeweiligen Frage im Herzen können die Karten gezogen und die Antworten empfangen werden.

Beispiele: »Wie geht es ...?«

»Was braucht er/sie gerade jetzt von mir?«

»Auf welche Weise sollte ich ihm/ihr jetzt meine Liebe und Verbundenheit ausdrücken?«

»Ist er/sie jetzt offen für diesen Ausdruck meiner Verbundenheit?«

»Sollte ich jetzt Kontakt aufnehmen?«

»Sollte ich eher warten, bis er/sie auf mich zukommt?«

5. Beschreibung und Deutung der Karten

A. Das Große Arkanum (0–XXI)

0. Der Narr

Stichworte: *Offenheit, Vertrauen, Bereitschaft für ein Wagnis; Mut, zu sich selbst zu stehen; Freiheit, Unabhängigkeit, Kreativität, großes Potential; Möglichkeit für einen Quantensprung; Hören auf die Stimme des eigenen Herzens.*

Der Narr wird durch den Frühlingsgott Dionysos dargestellt. Die Farbe grün weist auf die mächtige kreative Kraft des Frühlings hin. Auch das Krokodil (ägyptischer Gott der Kreativität) ist Träger höchster schöpferischer Möglichkeiten.

Die lange Nabelschnur – Verbindung zur kosmischen Einheit – umgibt den Narren in vier Spiralwirbeln. Die Möglichkeit der Wiedergeburt ist auf allen vier Ebenen des menschlichen Seins gegeben: spirituell, mental, intellektuell, emotional und physisch. Voraussetzung ist die Bereitschaft zur Veränderung in allen Bereichen, die Verpflichtung zur Selbstentfaltung.

Die Bedeutung der Spiralen von innen nach außen:

Erste Spirale ums Herz in Herzform: emotionale Wiedergeburt; das Erkennen, Wahr-Nehmen und Annehmen der wirklichen emotionalen Bedürfnisse.

Zweite Spirale mit drei Symbolen: Die Taube: Verletzlichkeit und Sensibilität als Bedingung für Liebe gegenüber sich selbst und anderen. Dies erfordert auch die Fähigkeit, sich abzugrenzen, und den Mut zum »Nein« gegenüber unklaren Beziehungen. Der Schmetterling: Transformation (von der Raupe zum Schmetterling). Die Schlangen: die beiden ineinander gewundenen Schlangen (Caduceus) bedeuten Engagement für Gesundheit und Heilung.

Dritte Spirale: Zwei ineinander verwobene nackte Kinderkörper lassen den Bereich Beziehungen erneut aktuell werden. Die Qualität der Beziehungen zu Familie, Freunden, Mitarbeitern und tiefen emotionalen Bindungen muß erneut geprüft und bewertet werden. Mit welchen Menschen will ich mich wirklich umgeben?

Die **vierte Spirale** trägt die Themen, die durch Krokodil und Tiger dargestellt werden. Das Krokodil drängt zur Entfaltung der eigenen kreativen Kräfte in Arbeit und beruflicher Laufbahn. Die Rose symbolisiert die Entfaltung der Kreativität. Das starke Gebiß des Krokodils zeigt Durchsetzungsvermögen und Führungseigenschaften, auch Fähigkeit zu selbständiger oder selbstverantwortlicher Tätigkeit. Ein wirkliches Durchbrechen alter eingefahrener Konditionierungen erscheint möglich.

Der Tiger ist ein Symbol der Angst (vgl. Prinzessin der Stäbe). Dionysos wird immer wieder von diesem Tiger der Angst gebissen. Dennoch ist sein Blick nach vorne gerichtet – er schenkt der Angst keine Aufmerksamkeit, so daß sie die Macht über ihn verliert. Der Tiger kann ihn nicht wirklich verletzen. Es ist das unerschütterliche Vertrauen in die Existenz, das die Angst zwar immer wieder spürt, ihr aber nicht unterliegt. Dies ist die Befreiung, das Empfänglichwerden für mystische Gipfelerlebnisse und transpersonale Erfahrungen; ein Freiwerden unterstützt von ursprünglichen, dynamisch wirkenden Kräften, die nach vorwärts drängen und deren kreative Entfaltung kein Einhalt geboten werden kann.

Das Gefäß in der rechten und das Feuer in der linken Hand sind alchemistische Symbole (siehe Karte »Kunst«). Sie zeigen den Prozeß des Zusammentreffens von Feuer und Wasser. Die Begegnung der unvereinbar erscheinenden Gegensätze bewirkt die Verwandlung, den Quantensprung, das neue Sein.

Die Trauben – Ausdruck von Fruchtbarkeit – sind reif zur Ernte. Die weißen Flecken vor dem gelben Hintergrund zeigen den Herbst, die Erntezeit: fallende Blätter, Loslassen, Sich-Fallenlassen, Hingabe. Die Münzen mit den astrologischen Symbolen spiegeln den überfließenden Reichtum, der sich auf allen Ebenen einstellt, wenn man der eigenen Kreativität Raum zur vollen Entfaltung gewährt.

Die Hörner des Dionysos stehen für erweiterte Wahrnehmung. Der kreisförmige Regenbogen um seinen Kopf ist ein Symbol der Ganzheit, der Vereinigung, der Brücke zwischen Himmel und Erde, innen und außen. Das Blütengebilde zwischen seinen Beinen stellt den energetischen Transformationsprozeß dar. Unten verbindet sich das Aktive (drei Blüten: Körper, Intellekt, Geist) mit dem Passiven, Aufnehmenden, Lernbereiten und entfaltet sich oben in den vielen Blütenblättern.

Die Sonne im Schoße des Dionysos zeigt das Annehmen der sexuellen Grundenergie. Die dadurch freigesetzte kreative und transformatorische Kraft strahlt lichtvoll aus den Menschen, die das Leben lieben und in allen seinen irdischen und göttlichen Aspekten feiern.

Hinweis: *Du bist bereit für einen Neuanfang, vielleicht sogar für einen Quantensprung. Gib dich hin und wage den Sprung, auch wenn Angst dich immer wieder aufzuhalten versucht. Vertraue der Stimme deines Herzens.*

Frage: *Wovon mußt du dich abgrenzen, um frei zu sein? Was ist in deinem Leben der »Tiger der Angst«? Wie sieht für dich der mutige Sprung ins Neue aus? Wohin ruft dich dein Herz?*

Anregung: *Ziehe weitere Karten zu den obigen Fragen, falls deren Beantwortung dir noch unklar sein sollte.*

Affirmation: *Jetzt folge ich der Stimme meines Herzen. Ich bin offen und bereit zu gehen, wohin immer sie mich ruft.*

I. Die Magier

Stichworte: *Merkur; Kommunikation, spielerisches Umgehen mit allen Möglichkeiten der Kommunikation; Flexibilität, Genialität.*

Der von Crowley autorisierte Magier, den wir den transzendenten Magier nennen wollen, wird dargestellt durch den griechischen Gott Merkur, den durch den Geist beflügelten Botschafter (gelbe Flügel an den Füßen). Merkur ist Träger von sich ausbreitender, ausstrahlender Energie. Die Karte repräsentiert den Willen, die Weisheit, das Wort, durch die Welten erschaffen wurden.

Mit unglaublicher Geschicklichkeit steht Merkur auf der Spitze einer Surfboard-ähnlichen Unterlage und jongliert mit den vielfältigen Werkzeugen der Kommunikation. Er ist ein Genie im Umgang mit all den Möglichkeiten, die ihm zur Verfügung stehen.

In seiner Dualität repräsentiert Merkur sowohl Wahrheit wie Lügen. Er bringt alle festgelegten Vorstellungen und Urteile ins Wanken und erscheint dadurch oftmals in fragwürdigem Lichte. Als schöpferisches Wesen kennt er jedoch kein Gewissen. Er benützt alle Mittel, um sein Ziel zu erreichen (man erinnere sich hierbei an die Figur des Thyl Ulenspiegel!). Die Versuchung, seine Fähigkeiten zu mißbrauchen, ist groß. Sein Können, seine Geschicklichkeit verleihen ihm Überlegenheit und Macht. Er bewegt sich ständig auf dem schmalen Grat zwischen schwarzer und weißer Magie. Daher bedarf er einer ständigen Selbstprüfung. Er kann sein Talent selbstsüchtig ausnützen oder es in den Dienst der Liebe und des Lichts stellen.

Auf dem Bild der Karte geht der Magier in einer spielerischen Weise mit den Möglichkeiten der Kommunikation um. Sein Gesicht trägt ein Lächeln, das heißt, er kommuniziert mit Humor. Die spielerische, humorvolle Leichtigkeit, mit der er sein Können handhabt, ist Hinweis auf die positive Art der Verwendung. Der Affe stellt den Begleiter des ägyptischen Gottes der Weisheit, Thoth, dar. Er veranschaulicht, daß Weisheit niemals auf starre Weise festgelegt werden kann. Jede äußerliche Manifestation, zum Beispiel durch das Wort, schließt Illusion mit ein. Die Gegenstände, mit denen der Jongleur spielt, deuten auf unterschiedliche Kommunikationsbereiche hin:

1. Münze: Körper, Materie, Finanzen;
2. Feuer: Inspiration, Verwandlung, Dynamik;
3. Stab: Philosophie, Religion, Spiritualität;
4. Pfeil: Direktheit, Zielgerichtetheit, Ehrlichkeit;
5. Schriftrolle: Schriftstellerische Arbeit, Publikation;
6. Geflügeltes Ei: Außersinnliche Wahrnehmung, Telepathie;
7. Kelch mit Schlange: Emotionen, Beziehungen, Sexualität;
8. Schwert: Intellekt, Logik, Analyse.

Die zwei Schlangen am Kopf des Magiers sind ein altes ägyptisches Symbol für Heilung und Regeneration (Caduceus). Sie deuten in diesem Zusammenhang auf die Erneuerung des Denkens hin. Darüber befindet sich das Auge des Horus (Gott der Wahrnehmung) mit dem Symbol einer Taube (Träger des Geistes). Der Magier erhält seine Eingebung durch den Geist des Universums, dessen Botschaften er an die Erde weitervermittelt. Dies wird noch verstärkt ausgedrückt durch den blau-gelben Energiestreifen, der durch seinen Kopf und Körper hindurchgeht und unter seinen Füßen wieder erscheint.

Ohne die ständige Rückbindung zu den geistigen Kräften des Universums kann er seine Aufgaben nicht erfüllen. So steht der Magier im Dienst übergeordneter Gesetzmäßigkeiten. Wenn er diese, seine wahre Funktion, erkennt und annimmt, trägt er aufklärendes Licht in das Dunkel von Unwissenheit und Mißverständnissen.

Hinweis: *Du verfügst über geniale Fähigkeiten, die du mit anderen Menschen teilen solltest. Eine wichtige Aufgabe besteht darin,* *den richtigen Rahmen für deine Tätigkeiten zu suchen bzw. herzustellen.*

Frage: *Worin bestehen deine Talente? Mit welchen Mitteln und in welchem Rahmen kannst du sie weitergeben?*

Anregung: *Visualisiere deinen idealen Tätigkeitsbereich! Beschreibe das Bild.*

Affirmation: *Der volle Ausdruck meiner schöpferischen Möglichkeiten erfüllt mich und macht mich glücklich und zufrieden.*

Die beiden zusätzlichen Magier

Seit 1986 sind die *Crowley Thoth Tarotkarten* mit drei verschiedenen Bildern des Großen Arkanums DER MAGIER ausgestattet. Der Verlag will damit einen anschaulichen Eindruck der verschiedenen Versionen ermöglichen, die Lady Frieda Harris von dieser Karte gestaltete. Da ich selbst gerne alle drei Magier im Spiel belasse, möchte ich auch in diesem Buch – wie schon in Tarot – *Spiegel deiner Beziehungen* – auf alle drei Varianten eingehen. Den goldfarbenen Magier mit dem geflügelten **Sonnensymbol** unmittelbar über seinem Kopf bezeichne ich als den »Weißen Magier«. Den Magier mit den acht Armen, dem Sonnensymbol vor dem Unterleib und dem großen dunklen Monster hinter sich bezeichne ich als den »Schwarzen Magier«. Den »Jongleur« unter den drei Magiern, bei dem das Sonnensymbol sich hoch über seinem Kopf befindet, nenne ich den »Transzendenten Magier«. Letzterer wurde von Crowley selbst zur Veröffentlichung im Kartenspiel autorisiert.

Kernaussage: Bei allen drei Versionen des Magiers geht es um die Fähigkeit zu kommunizieren sowie um die Inhalte und die Form der Kommunikation: Der Weiße Magier setzt sich entschieden für alles Positive ein, für alles Lichte und Gute. Der Schwarze Magier gebraucht seine Kräfte egoistisch und eigenwillig. Der Transzendente Magier jongliert souverän mit allen ihm zur Verfügung stehenden Mitteln und Möglichkeiten. Er ist der reifste der drei, denn er hat Hell und Dunkel kennengelernt und integriert: Er ist in seinem Verhalten frei und amoralisch (nicht unmoralisch!).

Weißer Magier

Hinweis: *Deine Motive sind rein, und dein Engagement für das Gute ist echt. Du bist in der Lage, deinem Leben etwas Schönes zu geben. Deine Ehrlichkeit und dein gutes Gewissen helfen dir, das Beste zu bewirken. Vertraue, denn die Kräfte des Lichts sind mit dir!*

Frage: *Was ist dein persönlicher Beitrag zur Verbreitung von Licht und Freude in dieser Welt?*

Anregung: *Entscheide dich bewußt für die Hingabe an Licht, Liebe, Freude und Fülle. Wenn Menschen in deiner Umgebung sich entscheiden, andere Erfahrungen mit dem dunklen, negativen Pol zu machen, respektiere zuallererst die Freiheit ihres Willens. Du kannst ihnen helfen, sofern sie bereit sind, deine Hilfe anzunehmen. Jede Erfahrung hat ihre Berechtigung, denn unser Bewußtsein entwickelt sich in der Erdenschale nur durch eigenes Erleben im Spannungsfeld von Gut und Böse, Hell und Dunkel, Göttlich und Irdisch.*

Affirmation: *Ich diene dem Licht und schenke auch und gerade dem Schatten meine bedingungslose Liebe.*

Schwarzer Magier

Hinweis: *In dein Denken und Verhalten haben sich – wahrscheinlich unbewußt – eigenwillige und selbstsüchtige Motive eingeschlichen. Erlaube dir, eine Weile innezuhalten und alles ehrlich und* *gründlich zu bedenken. Entscheidungen oder Verhaltensweisen, die sich nicht im Einklang mit dem göttlichen Ganzen befinden, können sich niemals hilfreich oder zum Wohl aller Beteiligten auswirken, dich selbst eingeschlossen.*

Frage: *Worin könnten deine (unterschwelligen) eigenwilligen oder selbstsüchtigen Tendenzen bestehen?*

Anregung: *Es ist jederzeit möglich, die eigenwilligen und selbstsüchtigen Absichten und Verhaltensweisen zu erkennen und loszulassen. Entscheide dich für Ehrlichkeit und entwickle jetzt die Fähigkeit, prüfend nach innen zu schauen. Gelingt es dir nicht gleich, die Ursachen zu erkennen, die dich in Resonanz mit dieser Tarotkarte gebracht haben, so ist es ratsam, bei deinem jetzigen Vorhaben eine Pause einzulegen. Es ist wichtig, zur Ruhe zu kommen, um die Dinge, die dich beschäftigen, mit etwas mehr Abstand betrachten zu können. Diese Rückbesinnung wird dir helfen, loszulassen und neue Wege zu beschreiten – im Einklang mit dem göttlichen Ganzen, zum Wohle aller Beteiligten.*

Affirmation: *Nicht mein Wille, sondern der Wille des Ganzen geschehe, zum Wohle aller Beteiligten.*

II. Die Hohepriesterin

Stichworte: *Mond; Zugang zu intuitiven Kräften, Heilung, Unabhängigkeit. Innere Ausgeglichenheit, erhöhtes Selbstbewußtsein.*

Die Hohepriesterin ist dargestellt durch die Mondgöttin Isis. Sie ist umgeben von einem feinen Netzwerk aus Lichtstrahlen, Ausdruck ihrer spirituellen Erscheinung. Ihr Wesen ist vollkommene Unabhängigkeit.

Sie ist in Kontakt mit ihren intuitiven Fähigkeiten, denen sie absolutes Vertrauen schenken kann. Das Wahr-Nehmen und In-Verbindung-Stehen mit der eigenen inneren Stimme, dem inneren Führer und Heiler, äußert sich in Selbstverantwortung und Selbstvertrauen. Wie das Kamel, das lange Strecken ohne Wasser durch die Wüste zurücklegen kann, so strahlt auch der Mensch, der seine eigenen inneren Quellen entdeckt hat, eine zufriedene Selbstgenügsamkeit aus. Er findet Oasen voller Fruchtbarkeit (Blüten und Früchte, auf der Karte unten) in seinem innersten Wesen. Je mehr er sich selbst annimmt und von seinem inneren Reichtum weitergibt, desto größer wird die Klarheit seiner Wahrnehmung (dargestellt durch Kristalle).

Die Hohepriesterin ist in diesem Deck eine der stärksten Karten für Balance, Ausgleich und Harmonie. Die obere Hälfte ihres Körpers stellt das Rezeptiv-Weibliche dar. Dies zeigen die nach oben geschwungenen Linien und die geöffneten Mondsicheln – über und hinter ihrem Kopf. Die Krone stellt den Mond dar, der die Sonne in sich aufnimmt.

Nabelabwärts drückt sich das männliche Prinzip aus: gradlinig, dynamisch, zielstrebig. Pfeil und Bogen auf dem Schoß der Isis verstärken dies. Durch das Ziehen der Sehne in die eigene Richtung erhält der Bogen jene Spannung, die den Pfeil nach vorne, dem Ziel entgegen schnellen läßt. Die Rückbesinnung auf unsere eigenen Stärken setzt ungeahnte Ereignisse in unserem Leben in Bewegung.

Die Karte »Die Hohepriesterin« kann auf außersinnliches Wahrnehmungsvermögen und intuitive Begabungen, wie Hellsichtigkeit, Telepathie, kreative Visualisation, Empathie, intuitives Wissen und heilende Kräfte hinweisen. Diese Fähigkeiten entstehen aus dem Einklang mit den letzten Wahrheiten kosmischer Gesetzmäßigkeiten, denen sie untergeordnet sind und in deren Dienst sie gestellt werden sollten..

Hinweis: *Du hast jetzt Zugang zu deinen intuitiven Kräften. Du solltest sie weiterentwickeln. Achte auf deine Unabhängigkeit!*

Frage: *Gibt es Bereiche in deinem Leben, in denen du dich von anderen beeinflussen läßt und nicht deiner eigenen inneren Wahrheit vertraust?*

Anregung: *Suche Gewässer auf, so oft du kannst. Meditiere am Wasser und lerne von ihm.*

Affirmation: *Ich vertraue meinem inneren Wissen.*

III. Die Kaiserin

Stichworte: *Venus; Schönheit, Liebe, Mütterlichkeit, Weiblichkeit, Weisheit; Verbindung von Geist und Materie; innerer und äußerer Reichtum.*

Die Kaiserin verkörpert und beherrscht das Weibliche in allen Erscheinungsformen. Ihre Gestalt und ihre Umgebung sind von Vollkommenheit und Schönheit geprägt. Es tut wohl, in ihrer Nähe zu verweilen und teilzuhaben an der Harmonie ihres Wesens. Ihre Schönheit ist jedoch nicht auf ihre äußere Erscheinung beschränkt. Die vollständige Entwicklung aller Ebenen ihrer Weiblichkeit verleiht ihr das Besondere ihrer Ausstrahlung. Sie erscheint gleichzeitig als Geliebte und Mutter, als Herrscherin und Weise. Ihre Stärke beruht auf der Vereinigung von höchsten ideellen und spirituellen Werten mit einem irdisch-sinnlichen Ausdruck ihrer Weiblichkeit, Liebe und Lebenslust.

Die wesentlichen Merkmale ihrer Herrschaft sind gebende und empfangende Liebe (weiß und rot), Kreativität und Fruchtbarkeit (grün), Verstehen und Weisheit (blau). Mit ihrer rechten Hand umfaßt sie den phallusartigen Stiel des Lotos, der seine Blütenblätter vor ihrem Herzchakra entfaltet. Die linke Hand ist empfangend geöffnet. Die Kreativität der männlichen Zeugungskraft verbindet sich mit weiblicher Hingabe. Die Integration ihrer männlichen Anteile verleiht einer Frau eine besondere Ausstrahlung und erhöht ihre Anziehungskraft.

Der rosa-weiße Pelikan, der seine Jungen mit seinem eigenen Blut füttert, ist Hinweis auf die bedingungslose Mutterliebe, die ihre Kinder mit ihrem ganzen Sein nährt. So steht die Kaiserin auch für die Große Mutter, die Mutter-Erde, die alles Lebende gebiert und erhält.

Der doppelköpfige weiße Adler (der mit dem roten Adler des »Kaisers« korrespondiert) symbolisiert die Verwandlung, die aus der Vereinigung der unterschiedlichen Aspekte des Seins hervorgeht.

Mond und Erde sind vereint und sind umgeben von einem magnetischen Kraftfeld. Wenn die tiefen emotionalen Bereiche des Unbewußten (Mond) sich sichtbar manifestieren (Erde), werden sie dem Bewußtsein zugänglich (blaue Flammen rechts und links). Die Integration der Kräfte des tiefen Innern bewirkt die Ausstrahlung von Ganzheit und Vollständigkeit, die andere Menschen magnetisch anzieht und ihnen ein Gefühl von Geborgenheit und Schutz vermittelt. Die Vereinigung von Globus und Mond erscheint nochmals in der Krone der Herrscherin. Das Malteserkreuz verstärkt die Bedeutung der Vereinigung der spirituellen und materiellen Qualitäten.

Das Gesicht der Kaiserin ist der Taube zugewandt: sie orientiert sich an der Zukunft. In ihrer Weisheit hat sie sich vom Sperling, der Vergangenheit, abgewandt.

Die geöffnete Wölbung im Hintergrund kann als Tor zum Himmel gesehen werden. Jede noch so schöne Erscheinungsform weist doch nur auf etwas Größeres, etwas Schöneres hin, welches in ihr verborgen liegt. Oder, um es in den Worten Hermann Hesses zu sagen: »Jede Erscheinung auf Erden ist ein Gleichnis, und jedes Gleichnis ist ein offenes Tor, durch welches die Seele, wenn sie bereit ist, in das Innere der Welt zu gehen vermag, wo du und ich, Tag und Nacht, alle eines sind. Jedem Menschen tritt hier und dort in seinem Leben das geöffnete Tor in den Weg... Wenige freilich gehen durch das Tor und geben den schönen Schein dahin für die geahnte Wirklichkeit des Innern.« (aus: »Iris«)

Hinweis: *Die Schönheit, von der du dich bei einem anderen Menschen angezogen fühlst, trägst du selbst in dir. Ganz gleich, ob du eine Frau oder ein Mann bist, du stehst jetzt in einem Prozeß* *der Entwicklung und Entfaltung deiner weiblichen Aspekte. Es besteht die Möglichkeit, unabgeschlossene Mutterkonflikte zu bearbeiten und zu klären.*

Frage: *Gibt es in deinem Leben eine schöne starke Frau, von der du lernen möchtest?*

Anregung: *Visualisiere deine ideale Frau! Schreibe ihre wichtigsten Eigenschaften auf. Versuche, sie in anderen Menschen und in dir selbst wiederzufinden. Umgib dich mit Schönheit und Fülle!*

Affirmation: *Ich bin erfüllt von Kraft und Schönheit.*

IV. Der Kaiser

Stichworte: *Widder; Pionier, Entdecker, Leiter, Initiator; schöpferische Weisheit; hohe Führungsqualitäten; Tatendrang, Abenteuerlust, Neubeginn; Vaterschaft, Autorität.*

Der Kaiser wird als ein gekrönter Mann mit majestätischen Gewändern dargestellt. Sein Thron, der in den feurigen Farben von Mars und Sonne leuchtet, ist mit den Köpfen der wilden Widder des Himalayas geschmückt. Dasselbe Symbol trägt sein Zepter. Der Globus mit dem Malteserkreuz, Zeichen der kaiserlichen Würde, ist Ausdruck der Vereinigung von Weisheit und weltlicher Herrschaft.

Das liegende Lamm mit der Friedensfahne deutet auf einen ähnlichen Zusammenhang hin. Es zeigt den anderen Aspekt des wilden Widders: Echte Führungsqualität beinhaltet die demütige Unterordnung unter die kosmischen Gesetze. Dies setzt ein tiefes Verständnis voraus und eine ständige Rückbesinnung auf den Willen des Ganzen. Ein solcher Herrscher ist erfüllt von einem leidenschaftlichen Mitgefühl, aus dem heraus er bereit ist, sich selbst für das Wohl des Ganzen zu opfern.

Der doppelte Adler symbolisiert die innere und äußere Wandlung durch die schöpferische Energie der Sonne. Darin äußert sich das kreative Potential des »Kaisers«, der immer auf den Beginn einer Initiative oder eines neuen Lebenabschnittes hinweist. Dieser Neuanfang dient der allgemeinen Erweiterung des Herrschaftsbereiches, der Eroberung neuer Gebiete (symbolisiert auch durch die in Form einer 4 gehaltenen Beine des Kaisers, vgl. auch »Prinz der Stäbe«). Im Äußeren kann dies der Beginn eines erfolgversprechenden Projektes, berufliche Veränderungen, Reisen oder Vaterschaft bedeuten. Im Inneren bahnen sich neue Erkenntnisse, Einsichten in unbekannte Wissensbereiche (explodierende Sterne auf den beiden Scheiben rechts und links) oder eine dramatische Selbsterfahrung an.

Solange der Kaiser seine Herrschaft in den Dienst des Wandels und des Neubeginns stellt, ist seine Macht wohltätig. Wehe aber, wenn sie eingesetzt wird, um Bestehendes zu festigen. Dann erstarren die Strukturen seines Reiches und seine mutig entschlossenen Züge verwandeln sich in Härte. Seine auf Weisheit gegründete Autorität wird zur autoritären Dominanz, die jeden Widerspruch ängstlich im Keime erstickt. Dieser Widerstand gegen den sich ständig wandelnden Fluß des Lebens wäre sein eigener Urteilsspruch. Früher oder später käme seine Herrschaft zu Fall.

Hinweis: *Der Moment ist günstig für einen Wechsel oder Neuanfang. Vertraue deiner Kraft.*

Frage: *Welche Erneuerung braucht dein Leben? Gibt es Initiativen, die du in Angriff nehmen möchtest?*

Anregung: *Prüfe selbstkritisch dein Verhältnis zu Untergebenen bzw. Vorgesetzten.*

Affirmation: *Ich vertraue meiner Kraft. Ich herrsche, indem ich diene; ich diene, indem ich herrsche.*

V. Der Hohepriester

Stichworte: *Stier; Spiritueller Meister, Lehrer, Berater, Eingeweihter; innerer Führer, geistiger Vater; höchste Transformation.*

Die Karte ist dem Zeichen Stier zugeordnet. Der Thron des Eingeweihten ist umgeben vom Stier und von Elefanten, deren Wesen dem des Stieres gleicht. In den vier Ecken des Bildes befinden sich die Symbole der vier Cherubim, der Wächter eines jeden Altars. Stier, Löwe, Mensch und Adler sind Vertreter der unterschiedlichen Ebenen menschlichen Seins. Der Stier, Symbolträger des Elements Erde (Sternzeichen Stier), steht für Materie und Körperlichkeit. Der Löwe ist Repräsentant des Elements Feuer (Sternzeichen Löwe) mit den Eigenschaften der Kreativität, Willenskraft und Dynamik. Der Mensch vertritt das Element Luft (Sternzeichen Wassermann), die Ebene der Gedanken und Worte. Der Adler stellt die höchste Transformation des Skorpions dar und gehört zum Element Wasser (Sternzeichen Skorpion), dem Bereich vom Emotionalität und Leidenschaft.

Der Hohepriester hat alle diese Ebenen in sich vereint und zu ihrer höchsten Entfaltung gebracht. Der Titel »Hohepriester« bezeichnet nicht etwa den Würdenträger einer erstarrten kirchlich-religiösen Institution. Gemeint ist der Eingeweihte, der Vollendete, der Erleuchtete. Nur ein echter spiritueller Meister kann den Menschen das Göttliche erfahrbar machen. In diesem Sinne ist der Hohepriester tatsächlich das »fleischgewordene« Göttliche (Stier) oder die letzte Entfaltung des menschlichen Potentials, das ihn mit dem Göttlichen vereint.

Vor dem Hohepriester steht die mit einem Schwert und einer Mondsichel versehene Frau. Sie ist die Repräsentantin der Venus, der Beherrscherin des Zeichens Stier. Schwert und Mond zeigen die Ausgeglichenheit von Emotionalität und Wissen. Der Erleuchtete hat die männlichen und weiblichen Teile in sich vereint und vollständig entwickelt.

Aus der Vereinigung von Männlich und Weiblich entsteht das Kind Horus, dargestellt im Fünfstern auf der Brust des Hohepriesters. Das Kind ist nackt, ungeschützt, verletzlich, voller Offenheit und Vertrauen gegenüber der Existenz. Die Natürlichkeit des Kindes ist Ausdruck echter Weisheit. Die würdevollen Züge des spirituellen Führers vereinen sich mit kindlicher Unschuld. Jeder, der in der Nähe des Hohepriesters verweilt, wird von dieser Qualität seines Wesens erfaßt. In seiner Gegenwart sollten alle Verteidigungsmechanismen fallengelassen werden, denn er ist ein Spiegel für unser eigenes höchstes Erblühen.

Der Kopf des Hohepriesters ist von fünf weißen, herzförmigen Blütenblättern umgeben, Ausdruck von Liebe in ihrer reinsten vollendeten Form. Es ist jene Liebe, die den anderen sieht und ihm das gibt, was er wirklich braucht. Dies mag nicht immer das sein, was der Betreffende will oder wünscht. Ein echter Meister erfüllt nicht die Erwartungen seines Schülers. Wahrheit kann eine Provokation sein und dazu angelegt, den süßdumpfen Schlaf der Unbewußtheit zu stören. Doch nur der von Selbstsucht befreite Wissende hat das Recht, so drastisch vorzugehen wie Jesus, als er mit der Peitsche die Händler aus dem Vorhof des Tempels vertrieb.

Die Schlange der Transformation wird von Nägeln berührt. Sie erinnern an die Dornenkrone, an Schmerz und Leid, das mit jeder Transformation einhergeht. Wirkliche Verwandlung geschieht nur in einer Haltung der Empfänglichkeit (Stier) und der Sensibilität (Taube), im Vertrauen und in Hingabe an die göttliche Liebe.

Vor dem dunklen Hintergrund wird die Aufgabe des Hohepriesters deutlich: Er trägt das Licht der Bewußtheit in die Dunkelheit der Unwissenheit hinein.

Hinweis: *Die Suche nach dir selbst führt dich in spirituelle Bereiche. Diese Karte kann ein Hinweis auf einen spirituellen Lehrer oder Meister sein. Sei offen, ihm zu begegnen.*

Frage: *Fühlst du dich von einem Meister der Weisheit (in Vergangenheit oder Gegenwart) angezogen?*

Anregung: *Beschäftige dich mit den Lehren spiritueller Meister. Suche die Nähe eines Lehrers oder Meisters. Besuche Selbsterfahrungsgruppen für persönliches Wachstum. Sei dort ehrlich, offen und empfänglich; achte auf die Regungen deines Herzens.*

Affirmation: *Es gibt nur eine Botschaft, auf die es sich lohnt zu hören – die Botschaft meines eigenen Herzens.*

VI. Die Liebenden

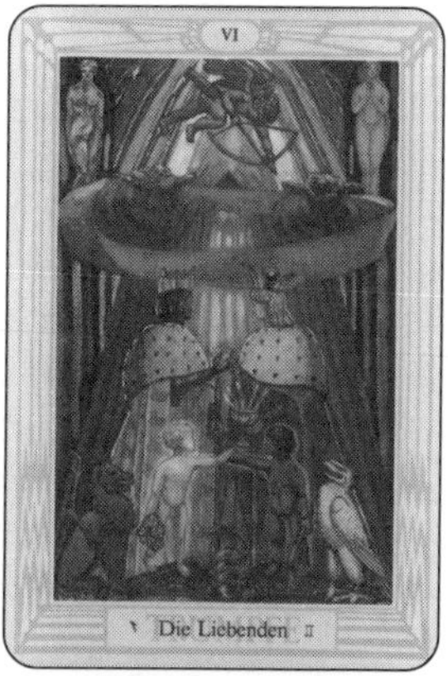

Stichworte: *Zwilling; Liebe, Anziehung, Annäherung, Verbindung; Vereinigung der Gegensätze durch Liebe; Bewußtwerdung durch Beziehungen.*

Die Karte zeigt die Vermählung der Kaiserin mit dem Kaiser. Die Zeremonie vollzieht der Eremit, eine Form des Gottes Merkur. Er ist ganz in seinem Gewand verborgen. Hinweis dafür, daß der Urgrund aller Dinge jenseits der Manifestation und des Intellekts liegt.

»Die Liebenden« sind Ausdruck der sich zueinander sehnenden und voneinander angezogenen Gegensätze. Die Dualität, die sich in jeder Erscheinung dieser Existenz widerspiegelt, wird existentiell erlebt in der Liebesbeziehung zwischen Mann und Frau. Jeder Versuch der Annäherung, der Vereinigung, der Verbindung ist Ausdruck des leidenschaftlichen Dranges, die verlorengegangene Einheit wieder herzustellen. Doch auch jedes Individuum, jeder Mann und jede Frau, trägt die Dualität männlicher und weiblicher Anteile in sich. Sie äußern sich u.a. in unterschiedlichen, oftmals widerstreitenden Persönlichkeitsanteilen.

Was uns unwiderstehlich an einem anderen Menschen anzieht, sind Aspekte unserer selbst, mit denen wir uns vereinigen wollen. Sie drängen danach, ins Bewußtsein gehoben und entwickelt zu werden. In der Regel spiegelt der Partner die eigenen unterentwickelten und ungelebten Seiten. Das, was wir in uns selbst vermissen, suchen wir im anderen.

Dies ist die Chance für wichtige Lernerfahrungen zur Bewußtwerdung unserer selbst. Die Lektion kann nicht theoretisch – durch intellektuelles Forschen oder sentimentales Schwelgen – erfaßt werden. Sie bedarf einer unmittelbaren existentiellen

Erfahrung; sie verlangt das Sich-Einlassen auf alle Dimensionen des Glücks, der Angst der Ekstase, der gegenseitigen Bereicherung, aber auch auf die des Schmerzes, des Kampfes, der Hilflosigkeit und Verletzlichkeit. In lebendigen Beziehungen erfahren wir alle Gegensätze: Anziehung und Eifersucht, Harmonie und Streit, Vereinigung und Trennung, Verletzlichkeit und Ernüchterung.

Lernziel dieser Lebensschule ist unser Vollständigwerden. Nur in dem Maße, in dem der Mensch seine eigene Einheit und innere Harmonie wiederfindet, nähert er sich dem großen Ziel seiner ganzheitlichen Selbstentfaltung. Glückseligkeit, die er verzweifelt beim anderen zu finden hofft, ist nur im Inneren zu entdecken und zu entwickeln. Jede uns bewegende Unruhe, jede Unzufriedenheit, die uns zu einem Partner drängt, entspringt der Suche nach wirklicher Ruhe und tiefem Frieden. Dies ist der Grund, warum spirituelle Meister immer wieder darauf hinweisen, daß ein intelligenter Mensch sehr bald zur Einsicht kommt. daß eine Beziehung allein ihn nicht wirklich erfüllen kann. »Warum? Weil jede Beziehung nur ein Pfeil ist, der auf die letzte und höchste Liebesbeziehung zufliegt. Jede Liebesbeziehung ist ein Meilenstein, kein Endpunkt. Jede Liebesbeziehung ist nur ein Wegweiser auf eine größere Liebe, die vor dir liegt. (…) Hast du aber erst einmal von der Liebe gekostet, hast du auch nur einige wenige Augenblicke reiner Freude erlebt, jenes ungeheure Pulsieren, in das zwei Menschen sich auflösen. (…) Sobald ein Fenster aufgeht und du einen Blick in den Palast werfen kannst, in seine Schönheit, seine Großartigkeit, seinen Glanz, auch wenn du nur einmal für einen kurzen Augenblick hineingebeten und dann wieder hinausgeworfen worden bist, dann kann der Vorhof dich nie wieder zufriedenstellen. (…) Wenn du dich in das Ganze verliebt hast, wenn die Vereinigung mit dem Ganzen geschieht, dann, und nur dann, wirst du erfüllt sein.« (Sannyas 16, Beziehungsdrama oder Liebesabenteuer).

Zurück zur Symbolik der Karte: Alle Symbole sind paarweise dargestellt, in der Bereitschaft, ihrem Gegenüber zu begegnen. Durch die Vereinigung in der Hochzeit geschieht die Verwandlung:

repräsentiert durch das geflügelte Orphische Ei mit der Schlange. Die beiden Kinder halten in ihren Händen die Symbole der unterschiedlichen Ebenen, die von der Transformation berührt werden: Körper (Keule), Intellekt (Speer), Emotionen (Kelch) und Spiritualität (Blumen). Die Lanzen im Hintergrund stellen die Auseinandersetzung mit Begrenzung und Freiheit, Bindung und Unabhängigkeit dar – Bestandteil jeder Beziehung.

Drei weitere Symbole aus dem Zodiak sind zu erkennen: Löwe, Skorpion-Adler, Schütze (Cupido). Der rote Löwe repräsentiert das männliche Prinzip in der Natur und deutet auf mögliche Kreativität hin, die aus der Verbindung erwächst. Der weiße Skorpion-Adler spiegelt die weibliche Komponente, die Hingabe an die eigenen emotionalen Tiefen. Der Schütze zeigt das Bedürfnis nach direktem, ehrlichem Austausch.

Hinweis: *Wenn diese Karte gezogen wird, kann dies auf eine wunderbare und aufregende Liebesbeziehung hinweisen. Bestehende Beziehungen vertiefen oder trennen sich. Neue Wege des persönlichen Wachstums und der Integration eigener Grundsätze eröffnen sich in der Zuwendung und Auseinandersetzung mit Partnern oder Gruppen.*

Frage: *Was suchst du bei den Menschen, die du liebst? Was macht für dich eine erfüllte Liebesbeziehung aus?*

Anregung: *Spiele zusammen mit deinem Partner Tarot. Benutze die Karten, um mehr über eure Beziehung zu erfahren. (Siehe Anleitung zur Beziehungserklärung im Kapitel (»Legesysteme«).*

Affirmation: *Ich bin jetzt bereit, dem Partner zu begegnen, nach dem ich mich schon immer gesehnt habe.*

VII. Der Wagen

Stichworte: *Krebs; Neuanfang, Wechsel zum Guten, Introspektion, Meditation, spiritueller Weg.*

Der Wagenlenker sitzt auf seiner noch stillstehenden Kutsche in Meditationshaltung. Er ist von einer goldenen Rüstung umgeben und betrachtet in tiefer Versenkung den in seinen Händen rotierenden Heiligen Gral. Dieser symbolisiert das Glücksrad. Der Führer des Wagens untersucht sehr sorgfältig alle möglichen Konsequenzen, bevor er den Neuanfang wagt und sich in Bewegung setzt. Entschließt er sich aber für den Start, so gibt es kein Zurück. Nichts wird die Fahrt aufhalten können.

Diese Karte weist ganz allgemein auf einen bevorstehenden Neuanfang hin. Sie kann eine Reise andeuten oder auf einen neuen Lebensabschnitt (Beziehung, Wohnung, Beruf) hinweisen. Nichts sollte jetzt überstürzt entschieden werden; alles bedarf der genauen Prüfung und Vorbereitung. Doch nachdem alle möglichen Konsequenzen gründlich bedacht wurden, sollte man den Beginn nicht unnötig hinausschieben. Alles deutet jetzt auf eine glückliche Entwicklung hin.

Die Rüstung des Wagenlenkers besteht aus Gold und ist mit zehn Kristallen besetzt. Obwohl sie dem Krebs entsprechend einen schützenden Panzer darstellt, so unterstützt doch dieser Schutz im gegenwärtigen Stadium die eigene Transformation (Gold) und die notwendige Klarheit (Kristalle). In Zeiten des Umbruchs und des Neubeginns braucht man Schutz und Unterstützung durch eine liebevolle, Geborgenheit vermittelnde Umgebung. Der bevorstehende Wechsel bringt viel Aufregung und Unruhe mit sich. Deshalb sollten ungeordnete, chaotische oder lieblose Verhältnisse gemieden werden.

Mit einem Neuanfang laßen wir die langweilige Routine des eingefahrenen Alltagslebens hinter uns. Die geistigen Eingebungen und Ideen vervielfältigen sich und erweitern unser Tätigkeitsfeld (konzentrische blaue Kreise im Hintergrund). Wir sind jetzt in der Lage, viele Tätigkeiten gleichzeitig anzugehen und zu bewältigen. Die Vielfalt der Beschäftigungen ist anregend und bereichernd. Trotz der großen Betriebsamkeit bleiben wir unseren höchsten Idealen treu. Der Weg, auf dem sich der Wagen befindet, ist mit goldenen Steinen gepflastert. Es ist der königliche Pfad, auf unserer Suche nach Selbsterkenntnis und innerer Verwandlung.

Die vier Sphingen (Stier, Löwe, Mensch, Adler) sind jene Kräfte, die den Wagen in Bewegung setzen. Sie haben Köpfe und Körper untereinander vertauscht und unterstützen sich gegenseitig. Sind wir auf unser höchstes Ziel ausgerichtet, so dienen alle Ereignisse dem erfolgreichen Vorwärtskommen. Das Vertrauen zur eigenen Kraft und inneren Wahrheit wächst und vertieft sich.

Hinweis: *Der bevorstehende Wechsel verspricht eine glückliche Erweiterung deines Lebens. Mache dich also bereit und ordne deine bisherigen Verhältnisse. Du wirst manches zurücklassen.*

Frage: *Welche Bereiche deines Lebens betrifft der Wechsel? Bist du bereit, das Alte abzuschließen und dich dem Neuen zuzuwenden?*

Anregung: *Suche oder schaffe dir eine liebevolle Geborgenheit vermittelnde Umgebung. Plane dort deinen Wechsel bzw. deine Reise. Auch dein Körper braucht jetzt Zuwendung und Reinigung.*

Affirmation: *Ich ordne mein Leben und mache mich bereit für den Neubeginn.*

VIII. Ausgleichung

Stichworte: *Waage; Balance, Zentrierung, Ausgleichung der Gegensätze, Ausgewogenheit, Gerechtigkeit.*

Die Karte stellt das Zeichen der Waage dar; ein faszinierendes Bild der Balance, der Zentrierung in die innere Mitte. Eine junge Frau (die weibliche Ergänzung des »Narren«) hält das große Magische Schwert zwischen ihren Beinen und balanciert auf den Zehenspitzen. Beim genauen Hinsehen erkennt man, daß alles auf der Spitze des Schwertes ruht. Nur äußerste Konzentration und absolutes Stillhalten ermöglichen diesen Zustand des Gleichgewichts aller Dinge. Jeder kleinste störende Gedanke würde alles ins Wanken bringen, das Gleichgewicht des Universums stören.

Die vorherrschenden Farben sind blau und grün. Blau steht für geistige Fähigkeiten, wie Gedankenkräfte, Ideen, Weisheit; grün bedeutet Kreativität – die Fähigkeit, die Idee umzusetzen. Ähnliches wird auch durch das abwärts gerichtete Schwert ausgedrückt: Die Gedankenkräfte (vgl. As der Schwerter) werden mit der Erde in Verbindung gebracht und in ihren Dienst gestellt.

Die Schultern der balancierenden Frau sind mit den Straußenfedern der Maat, der ägyptischen Göttin der Gerechtigkeit, bedeckt. Ihr Gesicht ist maskiert. Alle Aufmerksamkeit ist nach innen gerichtet. Auf diese Weise ist sie empfänglich für Ideen und Weisungen des inneren Gesetzes.

Ihr Kopf trägt die Krone des ägyptischen Gottes der Weisheit, Thoth. An der Krone hängen die großen Waagschalen: Symbole der kosmischen Gesetze von Anfang (Alpha) und Ende (Omega), in denen sie das Universum abwägt.

Diese Karte bedeutet eine Aufforderung, alle Extreme im täglichen Leben zu integrieren. Dies kann sowohl emotionale Belastungen in Beziehungen betreffen, als auch den Bereich von Arbeit und Kreativität sowie den Umgang mit Geld. Völlige Zentriertheit und inneres Gleichgewicht sind erforderlich, um die vorhandenen großartigen Ideen fruchtbar werden zu lassen. Aus dieser Haltung heraus werden sich die Dinge so entwickeln, daß alles am richtigen Platz seinen besonderen Stellenwert erhält.

Immer wieder werden die Stürme des Lebens uns aus dem Gleichgewicht werfen. Der häufige Wechsel zwischen dem Herausfallen und dem Sich-Wiederfinden in der eigenen Mitte ist der Prozeß, der uns lehrt, wie wir allmählich immer bewußter den Ort innerer Ruhe und Klarheit aufsuchen können.

Hinweis: *Achte auf Situationen im täglichen Leben, die dazu angetan sind, dein inneres Gleichgewicht zu stören. Entdecke die Bedingungen, in denen du deine Harmonie wiederfindest. Trage diese Qualität mehr und mehr in alle Lebensbereiche hinein.*

Frage: *Was hilft dir, in deine meditative Mitte zu kommen und da zu verweilen? Was geschieht, wenn du sie verlierst?*

Anregung: *Nimm dir regelmäßig Zeit für Meditationen, die dein inneres Gleichgewicht festigen. Atme ins Hara-Zentrum (eine Handbreit unter dem Bauchnabel) und sammle dich dort.*

Affirmation: *Ich ruhe in meiner Mitte.*

IX. Der Eremit

Stichworte: *Jungfrau; Sein eigenes Lichtfinden; nach innen gehen; Vollendung, Fruchtbarkeit, Erntezeit; Ruhen in der eigenen Mitte; weiser Führer.*

Der Eremit hat sich auf der Suche nach Erfüllung in sein eigenes Inneres begeben und hat dort sein Licht gefunden. Er ist so erfüllt von dem Reichtum seiner inneren Welten, daß ihm das Äußere farblos und unwichtig erscheint. Wer in sich selbst ruht, ist angekommen; es gibt keinen Grund, dem trügerischen Schein des Äußerlichen und Vergänglichen nachzujagen.

Doch die Reise nach innen hat auch ihre mühsamen und beschwerlichen Aspekte. Wer sie antritt, braucht Mut und Selbstvertrauen. Denn bevor man zu dem ersehnten Lichte vordringt, wird die Seele durch die ausführlich erscheinenden Bereiche der eigenen Schatten geführt: auf der Karte versinnbildlicht durch den giftigen Schlangenstab und den dreiköpfigen Höllenhund Zerberus. Bei letzterem sind zwei seiner Köpfe nach vorne, einer nach hinten gerichtet. Ein Teil seiner Aufmerksamkeit richtet sich auf die Vergangenheit, um sich zu überzeugen, ob alles Wichtige abgeschlossen ist. Alles Unabgeschlossene muß erledigt werden, bevor die vorhandene Energie vollständig für das Neue eingesetzt werden kann. Die Integration der tierischen Anteile des Menschen ist Voraussetzung seiner Vervollständigung zu einem ganzheitlichen Wesen.

Das verwandelnde Licht der inneren Klarheit erfüllt nach und nach alle Ebenen seines Seins. Die Ähren reifen: die Ernte seiner Hingabe an sich selbst offenbart sich. Sie kann eingeholt und mit anderen geteilt werden. Wer seine eigene Wirklichkeit gefunden hat, kann anderen Suchenden die Erfahrungen seiner Verwandlung mitteilen.

Der Eremit wird oft von den Mitmenschen wenig beachtet und selten verstanden. Er ist ein Individuum, das nicht mit dem Strom schwimmt und sich nicht mit den Oberflächlichkeiten der breiten Masse zufrieden gibt. Beziehungen geht er nur dann ein, wenn sie ihm eine tiefe Begegnung ermöglichen. Ist dies nicht der Fall, so zieht er es vor, alleine zu bleiben.

Die Karte des Eremiten ist eine Aufforderung, sich selbst auf die eigene innere Weisheit zu besinnen und sich jenen Menschen anzuschließen, die eine Unterstützung auf dem gemeinsamen Weg sein können. Das Ziel dieses Weges ist das Hörenlernen auf die eigene innere Stimme, das Entdecken des eigenen inneren Führers, das Vertrautwerden mit dem eigenen inneren Heiler.

Hinweis: *Akzeptiere dein Alleinsein! Kümmere dich nicht um Menschen, die dich nicht verstehen, die dich lieber in der Herde sehen würden. Schließ dich einem weisen Lehrer an, falls du ihm begegnest.*

Frage: *Gibt es für dich unabgeschlossene Situationen oder Beziehungen?*

Anregung: *Mache eine Liste von all den Angelegenheiten, die du jetzt abschließen möchtest. Wer sich auf die Suche nach dem eigenen inneren Licht begibt, muß unabgeschlossene Konflikte bereinigt und offene Rechnungen beglichen haben.*

Affirmation: *Ich genieße mein Alleinsein und entspanne mich in eine liebevolle All-Verbundenheit.*

X. Glück

Stichworte: *Jupiter; Neubeginn, Erweiterung, Kreativität, großer Durchbruch, Selbstverwirklichung, unerwartetes Glück.*

Inmitten von Energiewirbeln und Blitzen dreht sich das zehnspeichige Glücksrad. Es ist Symbol der Ganzheit, in stetiger Bewegung begriffen und doch in seiner Gesamtheit unverändert.

Die drei Figuren, die Sphinx, der Affe und das Krokodil stellen ägyptische Gottheiten dar. Die Sphinx vereint die vier magischen Tugenden: Wissen, Wollen, Wagen, Schweigen. Aus der Vereinigung von tierischen Instinkten und intuitiven Geisteskräften erwächst Weisheit. Das Schwert in den Pfoten der Sphinx zeugt von unbestechlicher Unterscheidungskraft und klarem Denkvermögen. Der Affe auf der linken Seite des Rades verkörpert Flexibilität (vgl. den »Magier«). Es sieht so aus, als sei er derjenige, der das Rad ständig in Bewegung hält.

Das Krokodil stellt den Gott der Kreativität dar (vgl. den »Narren«). Es hält zwei Werkzeuge in den Händen: in der rechten das ägyptische Ank, Symbol der erneuernden und heilenden Kraft des Lebens. Der Stab mit dem Haken weist auf die Möglichkeit hin, daß wir »unseres Glückes Schmied« sein können; es ist möglich, gute Gelegenheiten wahrzunehmen und zu nützen (herbeizuziehen). Den Mittelpunkt des Rades bildet die Sonne, Ursprung und Vereinigung aller kreativen Kräfte. Sie ist gleichzeitig auch Symbol von Bewußtheit, Erkenntnis, Erleuchtung. In ihr befindet sich der absolute Mittelpunkt – das Zentrum des Zyklons – der trotz aller Bewegung an der Peripherie still und unverändert bleibt. Er verkörpert den innersten Kern, den Zeugen, der unberührt bleibt vor dem stetigen Auf und Ab der Dualitäten, von Glück und Unglück.

Doch noch betrachten wir die Peripherie des Rades und freuen uns über den kristallklaren Durchbruch, das Große Glück, das uns der gegenwärtige Augenblick verheißt. Das Leben hält unerwartete Geschenke und Möglichkeiten bereit. Wir brauchen jetzt wachsame Augen, damit wir sie auch wahrnehmen. Alte Begrenzungen werden in Frage gestellt und gesprengt, um der Erweiterung des Neuen den Raum zu öffnen.

Hinweis: *Wenn in deinem Leben keine Wunder geschehen, dann stimmt etwas nicht. Du hast die Möglichkeit zum großem Durchbruch! Nütze den Augenblick!*

Frage: *Bist du wirklich bereit für das Große Glück? Was steht noch im Wege?*

Anregung: *Schreibe eine Liste (oder erzähle einem dir vertrauten Menschen), was »Glück« für dich in deiner jetzigen Situation bedeutet. Auf einer zweiten Liste führe alles an, was dich daran hindert, jetzt glücklich zu sein.*

Affirmation: *Ich bin jetzt offen für die Wunder in meinem Leben.*

XI. Lust

Stichworte: *Löwe; Leidenschaft; vielfältige Kreativität, Talente; Stärke; Integration animalischer Kräfte; Überwindung alter Ängste und Konditionierungen.*

Der traditionelle Titel dieser Karte ist »Stärke« (Strength). Crowley hat eine Umbenennung vorgenommen, weil ihre Bedeutung wesentlich mehr einschließt als das Wort »Stärke« im üblichen Sprachgebrauch. »Lust« bedeutet mehr als vitale Stärke, sie schließt Leidenschaftlichkeit sowie die Freude und den Genuß der gelebten Kraft mit ein. Eine Frau sitzt auf dem Rücken eines Löwen, mit ihrer Rechten hebt sie den Heiligen Gral in die Höhe, welcher entflammt ist von Liebe und Tod.

Die Karte ist eine Darstellung göttlicher Trunkenheit und kosmischer Ekstase. Die Frau ist ganz ihrer Verzückung hingegeben; auch der Löwe ist in Lust entflammt. Seine sieben Köpfe zeigen das Haupt eines Engels, eines Heiligen, eines Dichters, einer Ehebrecherin, eines kühnen Mannes, eines Satyrs und einer Löwen-Schlange. Sie symbolisieren unterschiedliche Aspekte und Sichtweisen, die jedoch jetzt integriert und im orgiastischen Erleben zu einer ganzheitlichen Wahrheit verschmolzen sind. Sie sind frei von Moral und beschränkender Vernunft. Die hier ausgedrückte Energie entspricht der ungebändigten Kraft der ursprünglichen, schöpferischen Ordnung.

Das innere Tier wird nicht durch Kampf und Unterdrückung, sondern durch Bejahung und Hingabe gezähmt und integriert. Die dadurch gewonnene Kraft überwindet alte Ängste und beschränkende Konditionierungen, dargestellt durch die gefalteten Hände und die Gestalten von Heiligen im Hintergrund.

Die zehn verstreuten Strahlenkreise hinter der Frau und dem Löwen zeigen die vergehenden alten Moralvorstellungen, die jetzt ersetzt werden durch zehn frisch aufstrahlende, oben im Bild. Sie sind Sinnbild des neuen Lichts, das – gleich Schlangen – in alle Richtungen ausströmt, um die alte Welt zu zerstören und neu zu erschaffen. Dieser Prozeß der Neuschöpfung ist noch einmal dargestellt im Schwanz des Löwen einer Schlange mit Löwenkopf.

Das Gesicht der Frau ist ganz der Feuerurne zugewandt. Sie ist vollkommen absorbiert von der Kraft der Transformation, die jeder bewußten und vollständigen Hingabe innewohnt. Es ist dies das Geheimnis von Tantra, jenes Bewußtsein, das die Einheit jedes Augenblicks wahrnimmt und alle Aspekte des Lebens akzeptiert – ohne etwas abzulehnen.

»Lust« enthüllt ihr wertvolles, kreatives Potential nur dann, wenn sie vollkommen gekostet, geschmeckt, getrunken wird. Dadurch wird sie verstanden und für die eigene Bewußtwerdung genützt. Der Weg zur Transzendenz führt durch alle Aspekte des Irdischen.

Hinweis: *Wenn du bereit bist, all das, was du in dir vorfindest, zu akzeptieren, kannst du dich in jeder Energie mit jeder Empfindungsfähigkeit, Bewußtheit, Liebe und Verständnis bewegen.*

Frage: *Welche Bereiche deines Lebens möchtest du noch stärker ausleben? Was hat dich in der Vergangenheit daran gehindert? Bist du bereit, dich neu einzulassen?*

Anregungen: *Nimm alles in dir bewußter an. Emotionen, wie Liebe, Traurigkeit, Schmerz, Wut oder Angst, erleben wir oft nur deshalb als Hemmung, weil wir nicht gelernt haben, sie als Potential zu nutzen.*

Affirmation: *Ich genieße das Leben in vollen Zügen.*

XII. Der Gehängte

Stichworte: *Erstarrung; Beendigung einer festgefahrenen Situation/Beziehung; loslassen, aufgeben, hingeben; in einer neuen Weise sehen lernen; Notwendigkeit, alte Verhaltensmuster zu durchbrechen.*

Der Gehängte ist kopfüber festgenagelt. Eine Position, in der jede Form des Eigenwillens ganz und gar gebrochen ist. Die Situation ist festgefahren; es gibt keinerlei Bewegungs- und Spielraum mehr. Ausflüchte, gleich welcher Art, sind unmöglich geworden. Die Schlangen der Transformation und Weisheit sind zusammengerollt und eingeschlafen.

Der Gehängte ist festgenagelt an das Holz seiner erstarrten Einstellungen und Sichtweisen. Seine Augen sind geschlossen, das heißt, er ist blind für alles, was von dem geschlossenen System seiner eigenen Vorstellungen abweicht. Jeder andersartige Gedanke, jeder neue Impuls wird ignoriert oder abgewehrt.

Der Kopf des Gehängten ist geschoren. Die Haare, die Antennen spiritueller Wahrnehmung symbolisieren, sind entfernt; der Gehängte hat selbst das Vertrauen in die eigene Intuition verloren. Alle eigenen Bemühungen erscheinen als aussichtslos und zum Scheitern verurteilt.

Doch in dieser Ausweglosigkeit kann das Wunder geschehen! Es ist der Punkt erreicht, an dem man der Realität in ihrer nackten Wirklichkeit nicht länger ausweichen kann. Es bleibt nichts anderes übrig, als sich zu stellen – und loszulassen. Diese Art des Kapitulierens, des Aufgebens des starren Eigenwillens und der festgefahrenen Ideologien trägt eine tiefgreifende Wandlung in sich: Das Durchbrechen rigider Verhaltensmuster, die Entrümpelung von altem Unrat; vollständige Hingabe an sein höheres Selbst, befreit von Engstirnigkeit und Rechthaberei. Ein freiwilliges Unterordnen gegenüber den kosmischen Gesetzmäßigkeiten ermöglicht das Einswerden mit dem Strom des Tao. »Nicht mein Wille, sondern dein Wille geschehe; denn dein Wille ist auch der meine.«

Die große Belohnung für die tiefe Hingabe an das Ganze: eine Wende um 180 Grad; das Untere wird nach oben gerichtet und kann die Welt aus neuer Perspektive betrachten!

Hinweis: *Du hast jetzt die Möglichkeit, die Festgefahrenheit und Erstarrung in verschiedenen Bereichen deines Lebens zu erkennen. Es gibt nichts zu tun. Das Wahr-Nehmen deiner Realität trägt die Möglichkeit zur Veränderung in sich.*

Frage: *In welchen Lebensbereichen bist du festgefahren? Bist du bereit, deine erstarrten Denk- und Verhaltensmuster zu erkennen und loszulassen?*

Anregung: *Ziehe eine weitere Karte für das, was auf dich wartet, wenn du dich hingibst.*

Affirmation: *Ich lasse jetzt los und erkenne. Ich öffne mich dem göttlichen Willen in meinem Leben, der sich mir Schritt für Schritt enthüllt.*

XIII. Tod

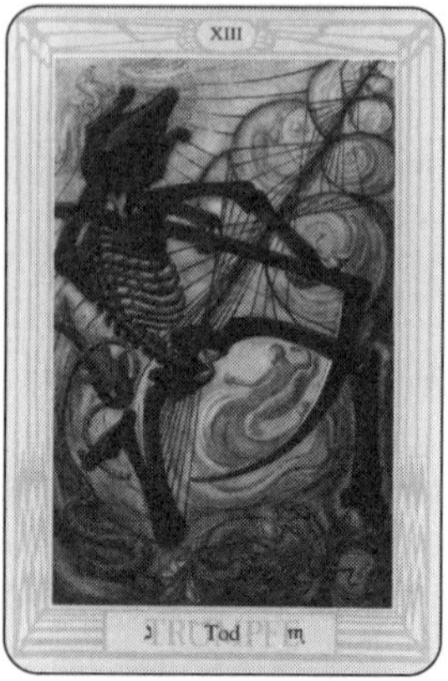

Stichworte: *Skorpion; Tod und Wiedergeburt, Vergehen und Neuwerden; Transformation: Skorpion-Schlange-Adler; Befreiung aus alten Verstrickungen; äußerliche Veränderungen.*

Die Karte »Tod« bedeutet in der Regel nicht physischen Tod. Sie weist meistens auf radikale äußere Veränderungen hin (die Karte XVI, »Der Turm«, ist die Entsprechung der inneren Wandlung).

Die alten Verhältnisse drängen nach Auflösung. Dieser Prozeß kann durchaus mit schmerzhaften Erfahrungen verknüpft sein. Dennoch ist durch das Ziehen dieser Karte die Bereitschaft dazu vorhanden. Das Loslassen trägt die Erlösung in sich. Der Tod zeigt seine unterschiedlichen Gesichter: Vernichtung und Entreißen einerseits und Befreiung aus den beengenden Fesseln des Alten andererseits. Welches von beiden hauptsächlich erfahren wird, hängt von der Haltung des Betreffenden ab. Jedes Festhalten-Wollen, jedes Anklammern an alte Bindungen läßt das Sterben um so qualvoller erscheinen.

»Sich fallen lassen! Hatte man das einmal getan, hatte man einmal auf alle Stützen und jeden festen Boden unter sich verzichtet, hörte man ganz und gar nur noch auf den Führer im eigenen Herzen, dann war alles gewonnen, dann war alles gut, keine Angst mehr, keine Gefahr mehr« (aus Hesse: »Klein und Wagner«).

Das Bild wird beherrscht von dem Skelett, das bereit ist, seine Sense mähen zu lassen. Es befindet sich in einer äußerst schwierigen, angespannten Körperhaltung: Ausgangsposition für Bewegungen, die eine Veränderung – und letztendlich Transformation – einleiten. Der Skorpion (unten im Bild) hält seinen giftigen Stachel zum Stechen bereit. Die Blüten der Seerose und der heiligen Lilie liegen sterbend im Schlamm, aus dem sie einst hervorgegangen sind.

Das nachfolgende Stadium: die Schlange, Symbol der Transformation. Sie ist bereit, tödlich zuzubeißen, wenn dies erforderlich wird. Der Fisch, die alte Vergangenheit, könnte ihr zum Opfer fallen. Der Phoenix kann sich erst erheben, wenn das Feuer der Umwandlung alles verzehrt und in Asche gelegt hat.

Das Totengerippe trägt eine Art Krone – die Kopfbedeckung der ägyptischen Totenbestattung. Dies ist ein Hinweis auf die Notwendigkeit, alte Ideen und Vorstellungen zu Grabe zu tragen. Schnüre und Stränge müssen durchschnitten, verhaftete Seelen aus ihrer Verstrickung befreit werden. Der Adler entfaltet seine Schwingen und hebt sich empor.

Hinweis: *Du bist jetzt bereit für die notwendigen Veränderungen in deinem Leben. Akzeptiere die Schmerzen, die der Verlust des Alten mit sich bringen mag.*

Frage: *An welchen überlebten Beziehungen oder Situationen hältst du noch fest?*

Anregung: *In der Sufi-Tradition gibt es eine bekannte Aussage: »Sterbe, bevor du stirbst«. Sie ist eine Aufforderung zur Auseinandersetzung mit der Kunst des Sterbens. Solange wir noch irgendeinen Rest von Angst vor dem Tod und dem Sich-Fallen-Lassen in uns haben, können wir nicht richtig leben.*

Affirmation: *Jedes Festhalten, jedes Nein, hindert mich, im natürlichen Lebensfluß zu sein. Ich sage jetzt: Ja zum Leben, Ja zum Tod, Ja zu mir.*

XIV. Kunst

***Stichworte:** Schütze; Vereinigung der Gegensätze, Ausgleichung, innere Verwandlung, Transformation, Alchemie, Quantensprung, kreative Kraft.*

Die alchemistische Vereinigung von Feuer und Wasser, die beim »Narren« noch über seinem Kopf dargestellt wurde, ist jetzt in den Mittelpunkt des Bildes gerückt. Die gesamte Karte ist charakterisiert durch Symbole der Integration, der Vereinigung von Gegensätzlichkeiten.

Die Verbindung von Feuer und Wasser, hell und dunkel, männlich und weiblich, Tod und Wiedergeburt ist ein innerer Prozeß. Das Verschmelzen der Gegensätze ist der Schritt zur umfassenden Einheit. Die widerstreitenden Kräfte verwandeln sich zu einer neuen Daseinsweise. Die Heirat zwischen Kaiser und Kaiserin, die bei den »Liebenden« angestrebt wird, vollzieht sich nun: die hohe Kunst der Transformation.

Die Vereinigung der Gegensätze ist der Zeugungsvorgang für etwas Neues. Die große Sonne und die sie kreuzenden Monde geben den Sternen im Hintergrund Geburt.

Das Kleid hat die Farbe der Kreativität – grün. Der lateinische Satz in der Sonne bedeutet sinngemäß: »Untersuche die inneren Bereiche der Erde; durch Reinigung wirst du den verborgenen Stein finden.« Im Zusammenhang mit dem Grün des Kleides weist dies auf die Notwendigkeit hin, die schöpferischen Kräfte mit der Erde in Verbindung zu bringen.

Löwe und Adler, Helfer im Verwandlungsprozeß, haben ihrerseits schon die Verwandlung vollzogen. Der Löwe, Repräsentant des Elementes Feuer, hat die Farbe des Wassers angenommen. Der Adler, die höhere Form des dem Wasserelement zugehörigen

Skorpions, erscheint in der Farbe des Feuers. Die goldene alchemistische Urne zeigt den Raben auf dem Totenkopf – Symbol der Vereinigung von Tod und Wiedergeburt.

Der Dampf, die Energie der neuen Qualität, steigt auf. Dies wird nochmals betont durch den Pfeil des Schützen (Körpermitte). An den Schultern entstehen Regenbögen, Symbole der Ganzheit. Die acht Kreise auf der Brust (zwei sind verdeckt) verdeutlichen Gleichmaß und Gleichgewicht. Die Honigbienen (auf der Robe der Kaiserin, Karte »Die Liebenden«) haben sich mit den Schlangen (auf des Kaisers Robe) verbunden und erscheinen auf dem grünen Kleid. Die Bienen stehen für Kunst, Wahrnehmung und Integration.

Hinweis: *Die Karte »Kunst« ist eine Aufforderung, nach innen zu schauen. Der Verwandlungsprozeß bedarf in dieser Phase der Integration von Gegensätzen keinerlei äußerer Anstöße mehr. Um den verborgenen Diamanten zu finden, mußt du in dein Inneres blicken.*

Frage: *Welche Gegensätze möchtest du jetzt in dir oder in deinem Leben vereinigen?*

Anregung: *Visualisiere mit geschlossenen Augen einen Springbrunnen aus Energie in deinem Körper. Bade für eine Weile in dieser alles erneuernden Lichtfontäne:*

Affirmation: *Ich überlasse mich der verwandelnden Kraft der Liebe. Ich bin ein offener Kanal für kreative Energie.*

XV. Der Teufel

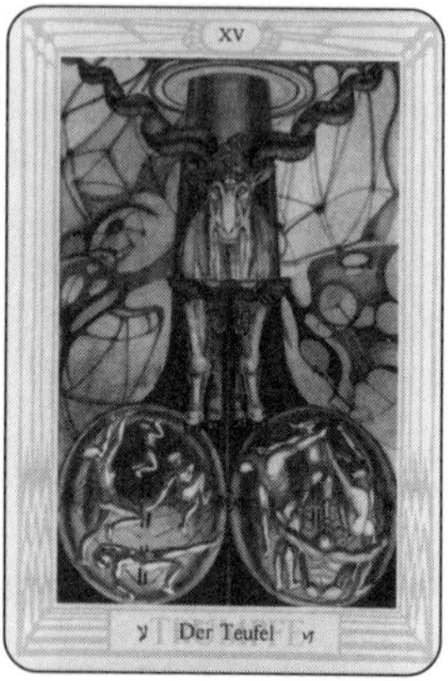

Stichworte: *Steinbock; Zeugungskraft, neue Vitalität, Humor, Sinnlichkeit, Sexualität, schöpferische Energie, Individualität.*

»Der Teufel« gehört zu den Karten, die am häufigsten mißverstanden werden. Um diese Karte zu erfassen, ist es notwendig, sich von allen volkstümlichen, moralischen und abergläubischen Vorstellungen zu befreien.

Der Teufel wird dargestellt durch den Gott Pan in Gestalt eines weißen Bergziegenbocks mit mächtigen, geschwungenen Hörnern. Die Säule hinter ihm symbolisiert den erigierten männlichen Penis, die beiden Kugeln die Hoden. Es ist die Darstellung der schöpferischen Energie in ihrer materiellsten, männlichsten Erscheinung.

In den Hoden sind – gleich Samen – vier weibliche und vier männliche Körper dargestellt, deren Verschmelzung das Neue hervorbringt. Die große Zeugungskraft wird auch durch den Stab mit der geflügelten Kugel und den beiden Schlangen des Horus und Osiris verdeutlicht.

Die phallische Säule reicht bis zum oberen Bildrand hinauf. Sie durchstößt das Himmelsgewölbe, das durch den Körper der Sternengöttin Nuith angedeutet ist (Ring oben). Ebenso führt der Schaft des Stabes endlos weit nach unten, bis seine Wurzeln das Zentrum der Erde erreichen.

Diese Verbindung von Erdmittelpunkt und Kosmos ist ein wunderbares Bild der zeugenden Vereinigung. Die Verankerung im Inneren der Erde ermöglicht das Aufsteigen der dunkelbraunen Erdenergie, die dann mit der von oben empfangenden goldgelben kosmischen Energie verschmilzt. Durch die Verbindung der erdhaften und kosmischen Eingebungen wird der Mensch zum schöpferischen Gestalten des Neuen inspiriert und befähigt.

Auf der Stirn des Pan ist das geöffnete Dritte Auge zu sehen. Hinweise auf seine Fähigkeiten zu erweiterter, außersinnlicher Wahrnehmung. Er ist ein Sehender, der nicht nur die oberflächlichen Erscheinungen wahrnimmt, sondern die Fähigkeit besitzt, tief in das Wesen der Dinge einzudringen.

Sein Gesicht hat einen äußerst zufriedenen, humorvollen Ausdruck. All die Menschen, die die Welt in ihrem tiefen Wesen erkennen, können an ihrem ausgeprägten Sinn für Humor erkannt werden. Nur Unwissende sind »tierisch ernst« und vollkommen mit ihrem Denken und Handeln identifiziert. Dieses Verhaftetsein am Tierisch-Materiellen ist der Inbegriff der landläufigen Auffassung vom Teufel. Pan jedoch schmunzelt über die Menschen und deren Projektionen, mit denen sie ihn »verteufeln«. In seiner Weisheit sieht er, daß tatsächlich jede Sucht, jedes Verhaftetsein, jedes Besitzergreifen zu Frustration und Leiden führt. Doch zu dieser Einsicht kann der Mensch nur durch wiederholte existentielle Erfahrungen gelangen. In dem Maße, in dem ein Mensch »sehen« lernt, das heißt »bewußt« wird, ist er in der Lage, wirklich zu genießen. Befreit von allen moralischen Einschränkungen, wird er sich mit äußerster Sinnlichkeit den Genüssen der Erde hingeben, in jeder Erscheinung Ekstase entdecken, in allem das Göttliche schmecken, ohne festzuhalten oder sich zu verstricken. Er meistert die materielle Welt, ohne von ihr beherrscht zu werden.

Hinweis: *Es mag Menschen geben, die dich »verteufeln«... Begegne ihnen mit Humor und Leichtigkeit. Nimm an, was das Leben dir schenkt. Bleib auf der Erde!*

Frage: *Hast du einen Wunsch, den du dir selbst nicht eingestehst?*

Anregung: *Setze dich bequem hin zur Meditation. Achte auf deinen Atem. Stell dir jetzt vor, wie mit jedem Ausatmen eine Wurzel von deiner Wirbelsäule zum Erdmittelpunkt hin wächst; das geht sehr schnell. Jetzt spürst du, wie mit jedem Einatmen Erdenergie in* *dich einströmt. Sie erfüllt deinen ganzen Körper. Jetzt gehst du mit deinem Bewußtsein zu der Krone deines Kopfes und öffnest dich für die goldgelbe kosmische Energie. Fühle, wie sie sich mit der Erdenergie vermengt und deinen Körper ausfüllt.*

Affirmation: Ich bin der Meister meines Lebens.

XVI. Der Turm

Stichworte: *Mars; tiefgreifende innere Transformation, Heilung; Altes wird zerstört und macht Platz für Neues; spirituelle Erneuerung, Selbsterkenntnis.*

Die Kraft des verzehrenden, reinigenden Feuers zerstört das Alte und fegt es hinweg. Nichts bleibt verschont; der Turm des Egos wird bis in seine Grundfesten hinein erschüttert.

All das, woran man sich zu klammern versuchte, wird von diesen transformatorischen Kräften vernichtet. Die vermeintlichen Sicherheiten der Vergangenheit sind unrettbar ins Wanken geraten. Was bleibt, ist das Vertrauen, das einst Hiob angesichts der wiederholten Schreckensnachrichten (Hiobsbotschaft) zeigte. Es ist dies das Wissen, daß alle Ereignisse des Lebens aus der unendlichen Liebe der Existenz erwachsen und Möglichkeiten des Lernens und der Erkenntnis in sich tragen. Dieses Verständnis des wahren Wesens der Ereignisse läßt uns in Verlusten und schmerzhaften Enttäuschungen wertvolle Geschenke erkennen. Zeiten innerer Not und Spannung können, in rechter Weise angenommen, zu den fruchtbarsten Wachstumsphasen des Lebens gehören.

Gleichzeitig ist der »Turm« eine der höchsten Karten für Heilung. So wie das Entfernen des vereiterten Zahns den ganzen Organismus befreit, so ist die Zerstörung festgefahrener Beziehungen und Lebenssituationen, die Wachstum verhindern, Anfang eines nun ermöglichten Heilungsprozesses. Das Zahnziehen mag ein schmerzhafter Vorgang sein. Doch oftmals ist ohne einen solchen Eingriff eine Entgiftung nicht möglich. Die Schläge des Schicksals mögen tragisch und unverständlich erscheinen. Dennoch geschehen sie nur deshalb, weil wir sie brauchen und wir sie selbst – bewußt oder unbewußt – verursachen. Wer diese Gesetzmäßigkeiten in seinem eigenen Leben erkennt und selbstverantwortlich akzeptiert, besitzt alle Voraussetzungen zu wirklicher Befreiung und letzter Transformation.

Das Auge des Horus veranschaulicht das erwachte Bewußtsein, das sich selbst sieht, wie man wirklich ist. Die Taube mit dem Olivenzweig im Schnabel symbolisiert das aus der Selbsterkenntnis entsprungene vergebende Mitgefühl gegenüber sich selbst und anderen. Sie ist Botschafterin einer Seinsweise, der die Erneuerung (Schlange) vorausgegangen ist.

Hinweis: *Du befindest dich in einem äußerst intensiven Transformationsprozeß oder er steht kurz bevor. Das, was in dir zerbrochen wird, dient der Reinigung und bereitet das Neue vor. Laß es geschehen!*

Frage: *Bist du bereit, dich selbst und das Leben mit neuen Augen zu betrachten?*

Anregung: *Führe dir vor Augen, was in deinem Leben, in deinen Ansichten und Verhaltensweisen starr und zu eng geworden ist. Öffne diese Bereiche bewußt für die Kräfte der Verwandlung.*

Affirmation: *Alles, was in meinem Leben geschieht, dient zu meinem Besten.*

XVII. Der Stern

Stichworte: *Wassermann; Inspiration, Kristallisation, Selbsterkenntnis, Ausstrahlung, klare Visionen, Selbstvertrauen; Verbindung zur universellen Intelligenz.*

Die Karte »Der Stern« zeigt den Prozeß des Empfangens der höchsten kosmischen Inspirationen und das Sichtbar-Werden dieser Ideenimpulse auf der materiellen Ebene. Sie ist dem Sternzeichen Wassermann zugeordnet. Als Medium dieser Kristallisation dient der Wasserträger, ein Mensch, der offen ist für die Eingebungen des Geistes. Indem er diese weitervermittelt, stellt er sich ganz in den Dienst des Höheren. Er ist gleichsam der Kanal, den die göttliche Energie benutzt, um sich im Irdischen manifestieren zu können.

Auf dieser Karte stellt sich für diesen Prozeß die Sternen-Göttin Nuith (vgl. Karte XX) zur Verfügung. In jeder ihrer Hände hält sie einen Kelch, durch den sich die Spiralwirbel der Energien ergießen. Ihr Haupthaar – Empfangsantennen für die erweiterte Wahrnehmung – fällt lang herab und leitet die Ideen weiter zur Erde.

Was eben noch eine wage Empfindung war, erhält durch kristallklare Visionen Gestalt und Auftrag. Der Mensch gewinnt einen deutlichen Einblick in die unbegrenzten Möglichkeiten seiner Selbstentfaltung. Die Kraft der empfangenen Eingebungen beflügelt ihn und läßt auf wunderbare Weise das unmöglich Erscheinende Wirklichkeit werden.

Wer von diesem Wissen geleitet wird, trägt jene Qualität des Seins, jene Ausstrahlung in sich, die andere Menschen magnetisch anzieht. Durch die Kraft der geistigen Umwandlung sind die Masken der Persönlichkeit, die Begrenzungen des kleinen Ichs bedeutungslos geworden. Eigenwille und Angst können fallengelassen werden, und der Wasserträger gibt sich mehr und mehr dem Wirken seines befreiten Selbst hin.

Die Empfangsantennen müssen jedoch immer wieder der sorgfältigen Reinigung unterzogen werden! Wird das Empfangene mit selbstsüchtigen Neigungen vermischt, so können sich diese ungeheuren Kräfte verheerend auswirken. Begeisterung wird dann zu Fanatismus, Inspiration zu Phantasterei. Die eigenen Gefühle bedürfen besonders wachsamer Aufmerksamkeit. Wie sich das Wasser aus dem Kelche der Nuith in Kristalle verwandelt, so müssen die Emotionen kristallisiert, das heißt klar und eindeutig erfaßt werden. Dies geschieht jedoch nicht durch Kontrolle und Unterdrückung, sondern durch echte emotionale Ent-Faltung (symbolisiert durch die Rosenblüten). Die Schmetterlinge, Symbol der Transformation, weisen darauf hin, wie sich die eigene Sicht der Dinge wandelt und sich befreit von den Begrenzungen alter Konditionierungen.

Hinweis: *Laß deinen Stern aufsteigen und bleibe in Kontakt mit der Erde. Vertraue deinen Eingebungen und finde Wege, andere Menschen daran teilhaben zu lassen. An deinen Früchten wirst du geprüft und erkannt.*

Frage: *Bist du in deinem derzeitigen Tätigkeitsbereich vollkommen erfüllt?*

Anregung: *Prüfe selbstkritisch, ob du wirklich alles einsetzt, um deinen Idealen und Ideen sichtbaren Ausdruck zu verleihen.*

Affirmation: *Meine schöpferische Vorstellungskraft und meine Verbindung mit dem allumfassenden Bewußtsein zeigen mir den Weg, wie sich meine Ideen realisieren lassen.*

XVIII. Der Mond

Stichworte: *Fische; letzte Prüfungen, Irrwege, Illusionen; Beendigung von Karma; Auseinandersetzung mit dem Unterbewußtsein; Schwelle zu neuer Bewußtseinsebene.*

»Der Mond« ist dargestellt als abnehmender Mond. Er ist im Begriff, noch weiter und tiefer in die dunklen Bereiche der Seele einzutauchen. Es ist eine Zeit der letzten und oftmals härtesten Prüfungen. Die Gefahr, in der Dunkelheit das eigentliche Ziel zu vergessen, ist groß. Illusionäre Wahrnehmungen und verlockende Verführungen lauern am Wege und versuchen, den Vorwärtsstrebenden in die Irre zu führen.

Der obere größere Teil der Karte zeigt einen engen Durchgang, der von unheimlich erscheinenden Wächtern mit Wolfsköpfen (ägyptischer Totengott Anubis) bewacht wird. Hinter ihnen ragen drohend und dunkel Türen empor, Symbole ihrer Macht. In den Händen halten sie den Phönixstab und – gleichsam als Schlüssel – die Symbole von Merkur und Pluto. Zu ihren Füßen lauern die Schakale, die bereit sind, sich auf die Leichname derjenigen zu stürzen, die es gewagt haben, sich in Unwissenheit oder aus bloßer Neugierde zu nähern.

Der bewachte Eingang ist auch die Darstellung des weiblichen Geschlechtsorgans, der Vagina. Der Mond symbolisiert hier den unbewußten Bereich des Weiblichen, das Wechselhafte, Feuchte, Zwielichtige, Verführerische, die unheimliche magnetische Anziehung. Alles erscheint geheimnisvoll, zweifelhaft und betörend.

Doch nur im Durchdringen dieser Passage entsteht neues Leben. Der Weg zur Bewußtwerdung führt in die Konfrontation mit dem Unbewußten, Unbekannten, Bedrohlichen. Bevor man sich nicht existentiell auf diese Bereiche eingelassen hat, ist man kein Wissender. Nur durch eigene unmittelbare Erfahrung wird man mit ihnen vertraut; die Schleier der Illusionen weichen dem erkennenden Licht und enthüllen kostbare Einsichten in die Mysterien.

Eine Analogie dieses Vorgangs finden wir in den Initiationsriten der Naturvölker. Die Einweihung als »Eingang« in den Status eines Erwachsenen besteht aus einer oftmals sehr harten Prüfung, der eine lange Vorbereitungszeit vorausging.

Wer sich also entscheidet, die Schwelle zum Unbekannten zu überschreiten, braucht unbesiegbaren Mut und die Bereitschaft zur vorbereitenden Übung. Wohl dem, der in dieser Phase seines Weges einen Führer findet, dem er sich anvertrauen kann. Doch auch hier bedarf es äußerster Wachsamkeit, denn allzu viele Führer bieten sich mit verlockenden Versprechungen an, ohne selbst den Weg zu kennen. Nur in Verbindung mit der Stimme des eigenen Herzens werden selbst Fehler und Irrwege zu Fortschritten.

Die Todesschwelle ist gleichzeitig die Schwelle zu neuem Leben. Sie ist der Eintritt in einen höheren Bewußtseinszustand. Dies wird auf der Karte ausgedrückt durch den heiligen ägyptischen Käfer (Scarabäus), der in seinen Zangen das Symbol der Sonne hält. Er ist der Träger des erneuernden Lichtes, das er in die Dunkelheit hineinträgt. Wo immer dieses Licht der Bewußtheit erscheint, verschwindet die Dunkelheit. Sie wird dann erkannt als der Schatten, der seine Scheinexistenz nur den Dingen verdankt, die den Strahlen des Lichtes im Wege standen. Diese kennenzulernen und beiseitezuräumen beinhaltet den Vorgang der Transformation.

Hinweis: *Du hast den Ruf des Unbekannten vernommen. Du befindest dich an der Schwelle zu neuen Erfahrungen. Achte jetzt auf die Stimme deines Herzens und prüfe in Ruhe die angebotenen Orientierungshilfen.*

Frage: *Welche inneren Bereiche sind dir fremd? Wo gibt es blinde Flecken? Vor welchen Erfahrungen fürchtest du dich am meisten?*

Anregung: *Meditiere regelmäßig! Wähle eine dir vertraute Technik und praktiziere sie täglich, mindestens drei Monate lang. Achte dabei auf die Qualität deiner Gedanken und Bilder und schreibe sie hin und wieder auf; bzw. male oder zeichne sie. Befasse dich mit deinen nächtlichen Träumen.*

Affirmation: *Wo die Nacht am dunkelsten, ist der Tag am nächsten.*

XIX. Die Sonne

Stichworte: *Sonne; hohe kreative Energie; Bewußtheit; erfüllte Liebesbeziehung; Weisheit, Transformation, Spiritualität.*

Die Sonne erstrahlt als Zentrum inmitten der zwölf Sternzeichen und durchdringt alles mit ihrem Licht. Aus ihrem Innersten erblüht die Rose der Erkenntnis. Ihr Licht ist die Essenz von Klarheit und höchstem Bewußtsein.

Auf dem grünen Berg der Kreativität tanzen zwei Kinder mit Schmetterlingsflügeln, Ausdruck der befreiten Partnerschaft zwischen Mann und Frau. Die gewonnene Freiheit äußert sich in ekstatischer Freude und Begeisterung. Nun stehen alle Energien voll und ganz dem gemeinsamen kreativen Prozeß zur Verfügung; sie werden nicht mehr in Kämpfen um Dominanz, Eifersucht oder Abgrenzung vergeudet.

Die Flügel der gemeinsamen Kreativität, das Erlebnis der Einheit im Dienst des großen Lichts, tragen sie empor. Sie sind absorbiert von dem alles verwandelnden Licht; in jedem Augenblick erleben und genießen sie Erfüllung. Es gibt kein Wunschziel in ferner Zukunft. Alles ist hier, und alles ist gut.

Die Mauer, die die Spitze des Berges umschließt, deutet darauf hin, daß der höchste Gipfel der Freiheit und Bewußtheit den beiden vorerst noch verschlossen bleibt. Um dorthin zu gelangen, müssen sie noch eine besondere Hürde überspringen. Den schmalen Eingang zum Höchsten wird jeder für sich alleine finden müssen.

Im Zustand dieses ekstatischen Erlebens findet ein tiefgreifender alchimistischer Wandlungsprozeß statt. War der Mensch im Zustand der Tarotkarte »Mond« ein Lichtreflektierender, so ist er jetzt zur Lichtquelle selbst geworden. Er trägt nun die hohen Qualitäten von Weisheit und Geistigkeit in sich. Er ist nicht mehr nur Spiegel, wie der Mond, der das Licht der Sonne reflektiert, aber weder eigenes Licht noch Wärme auszustrahlen vermag. Er hat den Ursprung allen Lichts in seinem Inneren gefunden. Jetzt strahlt er seine eigene göttliche Weisheit und Liebe auf die ganze Welt aus und durchdringt sie mit seinem verwandelnden Licht.

Wie sich im Reifeprozeß einer Frucht, die den warmen Strahlen der Sonne ausgesetzt ist, eine chemische Wandlung vollzieht, so reift auch im Wesen des Menschen etwas Neues, Verwandeltes heran. Die Geburt des »Neuen Menschen« erfordert jenen Prozeß, der in den alten alchimistischen Traditionen beschrieben wird. Der Vogel Phönix wird verbrannt, aber aus seiner Asche erhebt sich ein neuer prachtvoller Vogel, der in den Himmelsraum emporfliegt. Das Licht des Bewußtseins durchdringt und läutert alle Ebenen unseres Seins.

Hinweis: *Die Erfüllung deiner Wünsche ist hier und jetzt möglich. Entspanne und überlaß dich dem großen Reigen. Die richtigen Partner werden sich finden.*

Frage: *Welche Aufgabe, welches Projekt steht jetzt für dich an?*

Anregung: *Visualisiere das Licht und die Wärme der Sonne in der Gegend deines Herzens. Erinnere dich heute und in den nächsten Tagen immer wieder daran, daß die Sonne in dir und durch dich scheint.*

Affirmation: *Ich bin im Einklang mit dem göttlichen Licht, das mich erfüllt und leitet.*

XX. Das Aeon

Stichworte: *Hohe Urteilsfähigkeit; Offenheit gegenüber Kritik; kritische Selbstprüfung.*

Der zentrale Teil der Karte wird von dem Körper der Sternen-Göttin Nuith umschlossen. Ihr Leib bereitet sich des Nachts über den Himmel aus, um den Hintergrund für die Sterne abzugeben, und wird tagsüber wieder von der Sonne verschluckt. Ihr Gefährte ist Hadit, durch eine Feuerkugel mit Flügeln dargestellt. Er repräsentiert das Allwissende. Das Ergebnis der Hochzeit dieser beiden ist das Kind Horus, eine Doppel-Gottheit.

Das Auge des Horus ist in der Lage ganzheitlich zu sehen. Es kann erkennen, was aus der harmonischen Einheit herausgefallen ist. Diese klare Einsicht dient als Grundlage einer umfassenden kritischen Beurteilung. Kritik, die auf fundierter Wahrnehmung gegründet ist, kann in einer Weise kommuniziert werden, die andere Menschen nicht verurteilt, sondern diese im Gegenteil motiviert und inspiriert. Urteile, die echter Einsicht entspringen, sind konstruktiv und frei von Rechthaberei.

Die Karte »Aeon« weist auf die Notwendigkeit einer ausgewogenen Beurteilung einer Situation hin. Es mag ein langer, schwerer Arbeitsprozeß erforderlich sein, um zu diesem Urteil gelangen zu können.

Eine ganzheitliche Ein-Sicht kann nicht allein vom analytischen Verstand erreicht werden. Körper, Geist und Seele (siehe Figuren unten im Bild) haben ein Recht darauf, berücksichtigt zu werden. Werden sie in den Prozeß einer Beurteilung miteinbezogen, so wird man sich instinktiv auf das zubewegen, was der Selbstentfaltung zuträglich ist, und sich von dem zurückziehen, was nicht hilfreich ist.

Der Gott der Weisheit, Ohyros, dargestellt als geflügelte Schlange (oben im Bild), zeigt die Fähigkeit jenes Denkens, das die Wirklichkeit unmittelbar – befreit vom Ballast der Vorurteile – reflektiert. Das gesprochene Urteil entspringt der eigenen unmittelbaren Erfahrung. Aus der ganzheitlichen Sicht der Dinge entwickelt sich letztendlich eine Haltung, die im Bewußtsein der eigenen Beschränkung, sich dem höheren Urteil, dem Leben selbst überläßt.

Hinweis: *Du bist aufgefordert, deine »Froschperspektive« zu verlassen und die Dinge von höherer Warte aus zu betrachten und zu beurteilen. Wenn du größere Zeiträume (Aeon) und übergeordnete Zusammenhänge erkennst (und dazu bist du zunehmend bereit), wirst du die Beschränktheit aller menschlichen Urteile wahrnehmen. Du wirst dann mehr und mehr dazu übergehen, die Dinge in ihrem So-Sein zu betrachten, zu »sehen«, frei von Bewertungen.*

Frage: *Welches sind deine Wege zu mehr Einsicht und größerem Wissen?*

Anregung: *Meditiere über folgende Aussage (aus Richard Bach: Illusionen): »Kennzeichen deiner Unwissenheit ist die Stärke deines Glaubens an Ungerechtigkeit und Unglück.«*

Affirmation: *Gott ist das Unbekannte, das Mysterium. Je mehr ich weiß, daß ich nicht weiß, desto näher bin ich dem Göttlichen.*

XXI. Das Universum

Stichworte: *Saturn; Vollendung, kosmische Vereinigung; große Reisen; Befreiung aus Gebundenheit; Beendigung von Karma.*

Die Karte »Das Universum« ist die letzte der Großen Arkanen. Mit ihr schließt sich der Kreis, der mit dem »Narren« begann. Das Große Werk ist zu seiner Vollendung gelangt und kehrt zurück zu der Unschuld und der Selbstvergessenheit des Narren. Der Tropfen verschwindet im Ozean, und dieser ergießt sich in den Tropfen. Die Vollendung ist gleichzeitig Neubeginn auf einer höheren Ebene des Seins. Das letzte Ziel ist erreicht: es ist die Rückkehr zum Ursprung der kosmischen Einheit.

Jetzt sieht man sich selbst und die Welt so, wie sie wirklich sind (Auge des Horus oben rechts). Alle Verkleidungen, alle Masken sind überflüssig und nutzlos geworden. Verbunden mit der ursprünglichen Natürlichkeit, läßt man sich mitreißen in den wirbelnden Tanz der fortwährenden Bewegung des Alls. Die Begrenzungen des kleinen Ichs lösen sich auf in der orgasmischen Vereinigung mit dem Universum.

Die nackte Frau tanzt den Tanz ihrer großen Befreiung. Durch das Auge des Horus hat sie das Wesen der Begrenzung durchschaut. Mit diesen Einsichten (symbolisiert durch die Sichel, die sie noch in der rechten Hand hält) zerschnitt sie das Netz der Verstrickungen. Selbst die riesige Schlange der Transformation hat jetzt ihre Funktion verloren. Ihre verführerische Kraft, die notwendige Lernerfahrungen und Prüfungen auf dem Wege möglich machte, wird angesichts der Kraft und der neuen Qualität der verwandelten Energie nicht mehr gebraucht. Sie hat sich selbst überlebt; es gibt nichts, was ihr giftiger Biß noch vernichten könnte .

Die vier Cherubine blasen machtvoll den alles durchdringenden Geist in die vier Himmelsrichtungen. »Siehe, es ist alles neu!« (Offenbarung des Johannes).

Hinweis: *Du hast jetzt die Möglichkeit, die Dinge so zu sehen, wie sie sind. Alle Bedingungen für einen glücklichen Abschluß oder Neubeginn sind gegeben. Die Ereignisse deines Lebens befinden sich im Einklang mit dem Universum.*

Frage: *Wo gibt es in deinem Leben Bereiche, aus denen du dich befreien solltest: Gibt es eine Reise (eine Unternehmung), die darauf wartet, daß du sie in Angriff nimmst?*

Anregung: *Vertraue deiner Wahrnehmung! Erstelle eine Liste all jener Angelegenheiten, deren Erledigung dich erleichtern würde.*

Affirmation: *Ich bin eins mit dem Universum.*

B. Die Hofkarten

Ritter der Stäbe

Stichworte: *Feuer des Feuers; feurige Energie, dynamisches Vorgehen, Einsicht, Veränderungen.*

Der »Ritter der Stäbe« verkörpert die Meisterschaft von Wachstum und innerer Entwicklung. In seiner linken Hand hält er die lodernde Fackel (vgl. As der Stäbe), mit der er alle Negativität, die sich ihm in den Weg stellt, verbrennen wird. Er hat die Aufgabe auf sich genommen, Hindernisse und Blockaden, die dem eigenen Wachstum entgegenstehen, zu beseitigen.

Der wehende Umhang besteht aus feuriger Materie. Das Pferd trägt das Horn des Einhorns, Symbol des erweiterten Dritten Auges. Die eigene innere Vision dient als Vehikel (Reitpferd) für das entschlossene Handeln im Außen. Die Energie, geschöpft aus der Erweiterung der Wahrnehmung, ist freigesetzt und verwirklicht sich unaufhaltsam. Selbst schwierigen Situationen wird eine positive Richtung gegeben.

Die Rüstung des Ritters ist aus Reptilienhaut gefertigt – Hinweis auf Wechsel und Erneuerung (Häutung von Reptilien). So wie Reptilien von Zeit zu Zeit ihre alte Haut abstreifen, weil sie ihnen zu eng geworden ist, so ist es jetzt möglich, das Alte und Einengende hinter sich zu lassen und einen kraftvollen Sprung nach vorne zu wagen.

Hinweis: *Es gilt wach und offen zu sein für Menschen oder Situationen, die dynamische Veränderungen in deinem Bewußtsein bewirken können. Sei dankbar für diese Geschenke der Existenz, nimm sie an und halte nicht daran fest.*

Frage: *Erlaubt dir deine momentane Lebenssituation, deine Energie ganz zu entfalten? Wenn nein, was müßtest du aus dem Weg räumen?*

Anregung: *Suche Situationen und Gelegenheiten, die dich herausfordern! Begib dich mit all deiner Energie hinein.*

Affirmation: *Jede Herausforderung ist dazu da, mich wachsen zu lassen. Jeder Sturm stärkt meine Wurzeln.*

Königin der Stäbe

Stichworte: *Wasser des Feuers; Selbsterkenntnis, Wandlung, Mitgefühl.*

Die Königin der Stäbe besitzt die Meisterschaft der Selbsterkenntnis. Sie hat tief in ihr eigenes Wesen geschaut. Dies führte zur Transformation ihres Seins.

Die Geschichte erzählt, ihr langes Haar sei früher schwarz gewesen, auch ihr Begleiter, der Panther, habe ehemals ein schwarzes Fell besessen. Die Verwandlung, die mit ihr geschah, gab ihr goldblondes Haar und machte aus dem schwarzen Panther einen Löwen. Doch das Wissen über ihren ehemaligen Zustand erfüllt sie mit Mitgefühl gegenüber den noch unerlösten Wesen. Um diesen helfen zu können, trägt sie freiwillig rotbraunes Haar und hält den Löwen noch in der Gestalt eines Leoparden, der die Dunkelheit der Vergangenheit als schwarze Flecken in seinem Fell andeutet.

Die Königin sitzt auf einem feurigen Thron und trägt eine schuppenartige Rüstung mit dem Fische-Symbol auf der Brust. Die Vereinigung von Feuer und Wasser, von intuitiver Erkenntnis und emotionaler Betroffenheit, bewirkt die innere Wandlung. Die Krone der geistigen Klarheit und erweiterten Wahrnehmung zeigt noch die Nägel der Dornenkrone, die Erinnerung an Demütigung und Leid, das ihrer Verwandlung vorausging. Ihre Augen sind in stiller Ekstase geschlossen. Das Bewußtsein ist nach innen gerichtet und verleiht ihrer Ausstrahlung die Seligkeit inneren Friedens. Der Stab in ihrer Hand trägt einen Pinienzapfen, Ausdruck spirituellen Wachstums. Der nach unten verlaufende Stab zeigt die Aufgabe, die eigene Verwirklichung mit der Erde zu verbinden um andere daran teilhaben zu lassen.

Hinweis: *Du hast an dir gearbeitet und bist ein gutes Stück vorangekommen. Es ist Zeit, andere daran teilhaben zu lassen. Trage deine Selbsterkenntnis hinaus ins tägliche Leben!*

Frage: *Wie kannst du das, was du für dich gefunden hast, mit anderen Menschen teilen?*

Anregung: *Meditiere über folgende Aussage: »Lernen – ist herausfinden, was du bereits weißt. Handeln – ist zeigen, daß du es weißt. Lehren – ist andere wissen lassen, daß sie es genauso gut wissen, wie du selbst«*
– aus Richard Bach: »Illusionen«

Affirmation: *Ich bin ein leuchtendes Wesen, voller Licht und Liebe.*

Prinz der Stäbe

Stichworte: *Luft des Feuers; Intensität, erblühende Liebe, intuitive Kreativität; aus der Dunkelheit ins Licht.*

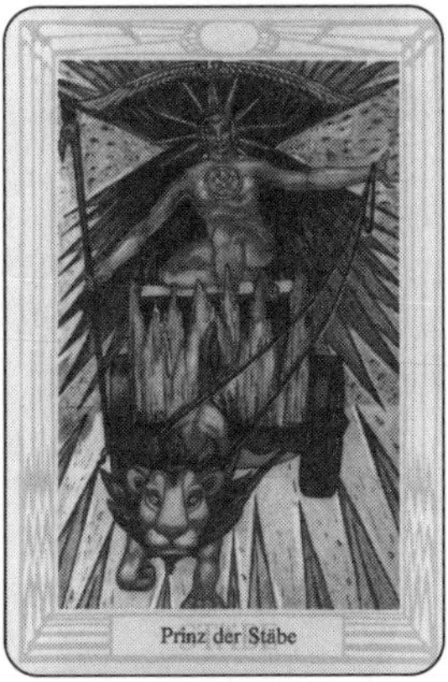

Der Prinz sitzt mit ausgebreiteten Armen auf seinem feurigen Wagen, der sich mit beachtlicher Geschwindigkeit nach vorne bewegt. Im Hintergrund weisen noch einige Flecken auf die Dunkelheit hin, die er jetzt hinter sich läßt. Die gesamte Haltung des Wagenlenkers drückt Bestimmtheit, Offenheit und Freiheit aus. Er ist nackt, das heißt, er braucht sich nicht zu verbergen und zu schützen. In der rechten Hand hält er den Phönix-Stab, das Symbol von Macht und Energie. Wie ein Pionier erobert er neue Bereiche seines Lebens (die Beine werden in Form einer 4 gehalten: vgl. Karte IV). Sein Herz öffnet sich, und er sieht die Welt mit neuen Augen.

Der Prinz verkörpert die Meisterschaft intuitiver Kreativität (Farbe Grün in den Flammen). Alle Sinne werden dazu eingesetzt und nutzbar gemacht. Im Vertrauen auf seine Intuition überrascht er mit seinen originellen Lösungen und Ideen. Nichts kann seine kreativen Ergüsse aufhalten oder einschränken. Das lodernde Feuer im Wagen hält ihn in Bewegung.

Durch die Hingabe an die Liebe (Lotosblüte im Herzen) erhebt er sich gleichsam über sich selbst hinaus. Ihm wachsen Flügel aus Phönixfedern und lassen ihn die Welt aus einer neuen, erhabenen Perspektive betrachten.

Das Vertrauen in seine eigene Wahrnehmung befreit seinen Geist von den Beschränkungen der Vergangenheit. Seine Gedanken sind kühn und erfüllt mit kreativer Kraft (geflügelter Löwe oben). Der Prinz der Stäbe zeigt den faszinierenden Ausdruck jugendlich überschäumender Kraft und Lebensfreude; bereit, sich den Prüfungen des Lebens zu stellen. Sein starker Wille jedoch kann nur dort sein Ziel erreichen, wo er im Einklang mit dem Willen des Ganzen steht. Dies sind die Lernerfahrungen, die er macht, indem er sich total auf die Herausforderung des Lebens einläßt.

Hinweis: *Du hast alles, was du brauchst! Laß dich nicht einschränken, laß dich nicht bremsen! Das Leben ist bereit, dich zu empfangen. Vertraue deinen unbegrenzten schöpferischen Möglichkeiten!*

Frage: *Für welche neuen Erfahrungen bist du jetzt offen?*

Anregung: *Breite die Arme aus und atme tief ins Herz!*

Affirmation: *Ich liebe das Leben, und das Leben liebt mich.*

Prinzessin der Stäbe

Stichworte: *Erde im Feuer; Befreiung von Angst, Neuanfang, Optimismus, erweiterte Wahrnehmung.*

Die Angst ist überwunden! Die Prinzessin der Stäbe, nackt, offen und ungeschützt, hat den Tiger der Angst besiegt (vgl. »Der Narr«). Ihr Stab trägt das Symbol der Sonne. Die Federn an ihrem Kopf deuten auf erweiterte Wahrnehmung und Freiheit, die sie durch die Überwindung von Angst gewonnen hat.

Sie tanzt ihren kraftvoll-ekstatischen Tanz in einer großen, wogenden Flamme. Neben ihr, auf dem mit Widderköpfen verzierten Altar, brennt das Feuer des Frühlings, des Neubeginns, in dessen Dienst die Prinzessin steht. Der feuerrote Hintergrund zeugt von Leidenschaft, Lebenskraft und flammender Energie. Wenn die Angst schwindet, öffnen sich ungeahnte Quellen von Begeisterung und Freude, die unser Leben neu gestalten. Wir können den Leichnam des Tigers (unsere alten begrenzenden Ängste) zu Grabe tragen.

Hinweis: *Deine alten Ängste haben ihre Macht über dich verloren. Ihre toten Überreste können dich nicht mehr erschrecken. Besinne dich auf deine größten Stärken.*

Frage: *Was ist der nächste Schritt zu deiner Befreiung?*

Anregung: *Befasse dich mit dem befreiten Potential hinter deinen Ängsten.*

Affirmation: *Indem ich meine Angst annehme, verwandelt sie sich in Liebe.*

Ritter der Kelche

Stichworte: *Feuer des Wassers, Hingabe an geliebten Menschen; Fähigkeit zu geben; Erreichen höherer emotionaler Ebenen; spirituelle Beziehungen; Wahlfamilie.*

Der Ritter der Kelche trägt große Flügel, mit denen er sich auf seinem kräftigen, weißen Pferd emporschwingt. Er ist mit einer grünen Rüstung bekleidet; in seiner ausgestreckten Hand hält er einen goldenen Kelch mit dem Krebs. Das Wasserzeichen des Krebses kann auf familiäre Beziehungen hinweisen. Doch muß hier der Begriff der Familie weitergefaßt werden: sie schließt jede Wahlverwandtschaft, insbesondere geistige Verbindungen (spirituelle Gemeinschaften) mit ein.

Die hellblauen Flügel des Geistes heben die emotionalen Beziehungen empor auf eine höhere Ebene des gegenseitigen Verstehens und des Austausches. Auch der Pfau, Symbol der Eitelkeit, hat diese Eigenschaft überwunden. Er entfaltet seine Schönheit und stellt sie – frei von Selbstherrlichkeit – in den Dienst des Höheren.

Die grüne Rüstung zeigt, daß der Ritter hohe Kreativität besitzt, wenn es darum geht, seinen tiefen Gefühlen Ausdruck zu verleihen. Jedes Geschenk, das er gibt, ist Ausdruck seines Strebens nach vollkommeneren Formen des emotionalen Austausches.

Hinweis: *Du sehnst dich nach intensivem gegenseitigem Austausch mit Gleichgesinnten.*

Frage: *Wodurch kann der Austausch in deinen Beziehungen bereichert werden?*

Anregung: *Suche deine wahre Familie, die Gemeinschaft, in der du dich zu Hause fühlst. Dort findest du die Qualität des Austausches, nachdem du dich sehnst.*

Affirmation: *Ich finde jetzt die Weggefährten, deren Nähe und Unterstützung mir helfen, mit mir selbst in tieferen Kontakt zu kommen.*

Königin der Kelche

Stichworte: *Wasser des Wassers; wie oben so unten; das Gefühlte wird offen gezeigt; Mutterschaft; emotionale Integrität.*

Die Gestalt der Königin der Kelche ist von Lichtbögen eingehüllt, so daß man sie erst bei genauerem Hinsehen erkennt. Ihr Wesen kann nicht analytisch erfaßt werden, man muß es erfühlen und ahnend begreifen. Sie ist in ein Mysterium gehüllt. Wer dieses verstehen will, muß sich tief in das Reich ihrer Empfindungen hineinbegeben.

Der ruhige See, auf dem sie thront, spiegelt ihr Bildnis nahezu ungebrochen wider. Das, was sie nach außen ausstrahlt, ist in den tiefen emotionalen Bereichen ihres Wesens reflektiert. Sie ist in Kontakt mit ihren Gefühlen und zeigt diese offen und authentisch. Vielleicht haben manche Menschen in ihrer Umgebung Mühe, sie zu verstehen, doch das ist nicht ihr Problem. In emotionalen Verbindungen wird sie niemals Kompromisse eingehen. Dazu müßte sie sich selbst verleugnen und würde dabei die Schönheit ihres Glanzes verlieren.

Die weißen Lotosblüten in ihrer Hand und auf dem Wasser bedeuten gebende Liebe. Doch noch ein Zweites drücken sie aus: Ihre Wurzeln kommen aus den dunklen, schlammigen Tiefen des Wassers; ihre Blätter und Blüten jedoch sind so beschaffen, daß das Wasser an ihnen abperlt. Sie sind auf diese Weise von dem flüssigen Element getrennt und unterschieden. Erblühende Liebe entstammt dem unbewußten Bereich der Instinkte und Triebkräfte und wird von ihnen genährt. Das Licht der Bewußtheit jedoch läßt die unbewußten Kräfte in einer neuen Seinsweise erscheinen und verleiht ihnen Anmut und Schönheit. Das Alte erscheint in verwandelter Gestalt: die emotionale Wiedergeburt ist vollzogen.

Der Storch als Ankündiger des wiederkehrenden Frühjahrs ist Bote für etwas Neues. Tatsächlich kann diese Karte in Verbindung mit Mutterschaft gesehen werden (vgl. »Prinzessin der Scheiben« und »Die Kaiserin«). Der Lotus in der Hand der Königin ist auch der Lotus der Isis, der Großen Mutter. Der Krebs in dem muschelförmigen Kelch weist auf den häuslichen Bereich der Familie hin.

Hinweis: *Durch die Offenheit im Ausdruck deiner Gefühle bist du schön. Es mag Menschen geben, die dich nicht verstehen; kümmere dich nicht darum! Es gibt genug andere, mit denen du deine Gefühle teilen kannst.*

Frage: *Stehst du offen zu deinen Gefühlen und Empfindungen?*

Anregung: *Vertraue deinen Gefühlen! Lebe im Einklang mit ihnen!*

Affirmation: *Meine Offenheit und Lebendigkeit machen mich schön!*

Prinz der Kelche

Stichworte: *Luft des Wassers; Verlangen, Wünsche, Begehren; Möglichkeiten der Transformation.*

Die zentrale Aufgabe des Prinzen der Kelche ist die Meisterschaft im Umgang mit seinen emotionalen Bedürfnissen. Luft in Verbindung mit Wasser bedeutet starke Leidenschaftlichkeit, wie sie auch dem Sternzeichen des Skorpions wesensgemäß ist. Deshalb wird die Kutsche dieses Prinzen, die an eine Muschel erinnert, vom Skorpion-Adler gezogen, was bereits als Hinweis auf die Möglichkeit der Transformation gewertet werden kann. Sie fährt dicht über den Gewässern der Emotionen, geht jedoch nicht in ihnen unter.

Wünsche und Begierden müssen wahrgenommen und erkannt werden. Sie sind die fundamentalen Triebkräfte unserer Lebensenergie. Sie zu nutzen und zu meistern, erfordert höchste Wachheit und intensive Zuwendung. Anstatt sie zu unterdrücken, können sie für den Prozeß der Bewußtwerdung genützt werden. So betrachtet, sind sie ein Vehikel auf der Reise in die eigenen inneren Welten.

Die Schlange – Symbol der Umwandlung und Weisheit – erwacht und richtet sich auf. Der Adler auf dem Helm des Prinzen deutet auf die Möglichkeiten geistiger Befreiung hin. Doch dies zu verwirklichen, ist eine Aufgabe, die noch vor ihm liegt. Allzu fasziniert betrachtet er die Schlange und vergißt die Lotosblüte (Liebe), die nach unten zeigt. Mit der wachsenden Integration des triebhaften Verlangens wird sich der Lotos mehr und mehr entfalten und aufrichten können.

Hinweis: *Nimm deine sexuellen Bedürfnisse und Leidenschaften an und lebe sie bewußt aus. Du kannst dabei sehr viel entdecken. Gib dich total hin und beobachte dich.*

Frage: *Welche geheimen Wünsche gestehst du dir nicht ein?*

Anregung: *Praktiziere regelmäßig die »Kundalini-Meditation« (Kassette erhältlich in esoterischen Buchhandlungen).*

Affirmation: *Ich nehme jetzt meine sexuellen Bedürfnisse an. Dies macht mich lebendiger und erfüllter.*

Prinzessin der Kelche

Stichworte: *Erde im Wasser, emotionale Freiheit, überwundene Eifersucht, Selbstvertrauen.*

Die Prinzessin der Kelche wird als tanzende Gestalt dargestellt. Sie ist befreit von der Verhaftung an ihre Gefühle. Ein Schwan erhebt sich über ihrem Kopf und zeigt ihre gewonnene Unabhängigkeit und Freiheit. Sie hat die Fesseln der besitzergreifenden Manipulation abgestreift. Befreit von Eifersucht, strahlt sie jetzt Anmut, Sanftheit und Klarheit (Kristalle auf ihrem Gewand) aus.

Mit äußerster Sensibilität und Zärtlichkeit hält sie den Kelch mit der Schildkröte in ihrer Hand; Hinweis auf den Schutz, den sie sich selbst und anderen liebevoll gewährt. Die Lotosblüte in ihrer ausgestreckten Linken deutet auf ihre Bereitschaft zu gebender Liebe (weißer Lotos) hin. Der ausgestreckte Arm zeigt den Abstand an, den sie zu sich selbst gewonnen hat und der es ihr ermöglicht, ihre Liebe in reinster Form zu entfalten. Der Delphin hat Augen aus Kristall. Auch die alte Vergangenheit kann jetzt mit Augen der Klarheit gesehen und abgeschlossen werden.

Hinweis: *Vertraue deinen Empfindungen. Du bist auf dem richtigen Weg.*

Frage: *Gibt es noch etwas, das dich hindert, ganz frei zu sein? Du hast jetzt die Möglichkeit, auch das loszulassen.*

Anregung: *Stell dir vor, du bist umgeben von Wasser und tanzt den Tanz der Befreiung mit leichten, fließenden Bewegungen.*

Affirmation: *Je mehr ich mich selbst liebe, desto mehr Liebe kann ich mit anderen teilen.*

Ritter der Schwerter

Stichworte: *Feuer der Luft; Zielgerichtetheit, Ehrgeiz, flexibles Denkvermögen, Leidenschaftlichkeit.*

Der »Ritter der Schwerter« jagt in seiner gold-grünen Rüstung im gestreckten Galopp durch die Lüfte – Sinnbild seiner zielgerichteten mentalen Aktivität. Er weiß, was er erreichen will, und wird nicht ruhen, ehe er an seinem Ziel angekommen ist. Seine beachtliche Konzentrationsfähigkeit ist vergleichbar mit der eines Rennfahrers, Gedanken und Ideen fliegen ihm blitzschnell zu. Er beherrscht flexibles Denken und kann dies zur Erreichung seiner Ziele einsetzen (gold-grüne Rüstung). Die vier Propeller symbolisieren die vier Himmelsrichtungen und weisen darauf hin, daß Gedankenkräfte nicht durch Raum und Zeit begrenzt sind.

Seine feste Entschlossenheit ist unmittelbar verbunden mit einem tiefen emotionalen Empfindungsvermögen. Nur Ziele, die in uns starke emotionale Regungen auslösen, können eine derartige Leidenschaft entfachen. Körper, Geist und Seele (drei Schwalben) sind im Einklang und fliegen mit.

Das lange Schwert in der rechten und der kurze Dolch in der linken Hand werden gleichermaßen gebraucht. Beide Energiepotentiale, das männlich-analytische (Yang) und das weiblich-intuitive (Yin), werden zum Vorwärtskommen eingesetzt. Deshalb erscheint der Reiter in der schnellen Bewegung so total mit seinem Pferd verschmolzen.

Hinweis: *Du bist jetzt in einer guten Verfassung, um Pläne zu schmieden, Ziele zu planen und zu verwirklichen.*

Frage: *Kennst du dein Ziel? Was ist, wenn du das Ziel erreicht hast? Wirst du deinen Erfolg genießen können?*

Anregung: *Prüfe selbstkritisch obige Fragen!*

Affirmation: *Ich kenne meine Ziele und weiß, wofür ich mich einsetze. Jedes Ziel ist ein Meilenstein auf dem Weg zu meiner letzten Bestimmung.*

Königin der Schwerter

Stichworte: *Wasser der Luft; Durchschneiden alter Masken und Rollen; Klarheit; rational, intellektuell, logisch, objektiv.*

Das Ablegen eigener Masken, das Verzichten auf die Sicherheit vertrauten Rollenverhaltens, bedeutet freiwilliges Aufgeben gewohnheitsmäßiger Verteidigungsmechanismen. Durch das Schwert scharfsinniger Einsicht dringt die Erkenntnis ins Bewußtsein, daß die getragenen Masken nicht nur Schutz und Tarnung bedeuten, sondern auch Trennung von sich selbst und anderen. Das energische Durchschneiden der alten Masken stellt eine Befreiung dar, die die Königin der Schwerter aus der Umwölkung herausführt, hinein in Klarheit und Weite.

Die Kristalle hinter ihrem Kopf, Ausdruck der wachsenden Klarheit, tragen einen Kinderkopf. Dieser zeigt, wie hinter der abgelegten Maskerade Natürlichkeit und kindliche Unschuld – Hinweis auf echte innere Weisheit – freigesetzt wird.

Die Offenheit und Aufnahmebereitschaft eines Kindes, verbunden mit scharfer, glasklarer Einsicht in das Wesen eines Menschen oder einer Situation, ist Grundvoraussetzung für die Arbeit eines Beraters oder Therapeuten. Er muß bereit sein, auf die eigenen Masken zu verzichten, und sollte offen seine emotionale Betroffenheit zeigen, ohne jedoch seine Klarheit zu verlieren. Nur dadurch verdient er wirkliches Vertrauen und ist in der Lage, helfend und heilend Einfluß zu nehmen.

Die Verwirklichung der Eigenschaften dieser Karte setzt eine lang reifende Meisterschaft voraus. Ihr höchster Ausdruck ist eine umfassende Klarheit, die sich in der Beziehung zu Menschen und zum Leben spiegelt.

Hinweis: *Du befindest dich in einem Prozeß, in dem du dich mehr und mehr von alten Rollen und Verhaltensweisen trennst. Dies mag mitunter schmerzhafte Erkenntnisse und Erfahrungen mit sich bringen. Doch es lohnt sich! Die gewonnene Klarheit macht dich frei.*

Frage: *Welches sind deine Lieblingsrollen, hinter denen du dich versteckst? Bist du bereit, auf sie zu verzichten?*

Anregung: *Beobachte dich in deinen unterschiedlichen Rollen. Manche wirst du weiterspielen müssen – nur jetzt bewußter als früher. Nimm deine Rollen an und gib dein Bestes, ohne dich jedoch in ihnen zu verlieren.*

Affirmation: *Meine einzige Verpflichtung im Leben ist, mir selbst treu zu bleiben.*

Prinz der Schwerter

Stichworte: *Luft der Luft; Intuition, kreatives Denken; Durchschneiden aller Verstrickungen; Befreiung von begrenzenden Vorstellungen; klare Wahrnehmung.*

Der »Prinz der Schwerter« ist mit einer eng gewebten, grünen Rüstung bekleidet. Er ist ein Meister im kreativen Umgang mit Gedanken, Ideen und Plänen.

Voraussetzung für schöpferische Denkprozesse ist uneingeschränkte Freiheit; kreatives Denken kann keine Einschränkungen akzeptieren. Deshalb holt der Prinz mit dem Schwert weit aus, um die Verbindungen zu den drei Figuren, die den Wagen ziehen, zu durchschneiden. Diese stellen beschränkende Ideen oder Gefühle oder auch einengende Beziehungen dar, welche die Bewegung des Wagens aufhalten könnten.

Der Kristall im Wagen hat die Gestalt einer Doppelpyramide und zeigt die sich kristallisierende Wahrnehmung. Die Zeit ist günstig, neuen Ideen Form und Gestalt zu verleihen.

Oft sind es alte, einschränkende Glaubenssätze und Überzeugungen, die uns bestimmte Probleme unüberwindbar erscheinen lassen. Viele dieser Glaubenssysteme hatten irgendwann einmal – z.B. in der frühen Kindheit – eine gewisse Gültigkeit. Gefühle und Vorstellungen wie »Ich bin schwach und abhängig« oder »Wenn ich mich selbst behaupte, werde ich bestraft« oder »Ich muß etwas Besonderes leisten, um anerkannt zu werden« stammen aus alten Erfahrungen, die jedoch ihre Aktualität in der Gegenwart verloren haben. Solange wir dies nicht durchschaut und aufgelöst haben, werden wir immer wieder Situationen herstellen und aufsuchen, die unsere einschränkenden Überzeugungen bestätigen und als unabänderliche Realität erscheinen lassen.

Wir fallen nicht zufällig in bestimmte Situationen, sondern schaffen sie uns selbst aufgrund unserer Glaubens- und Gedankensysteme. Untersuchen wir doch einmal diese Bereiche unseres Lebens, mit denen wir unzufrieden sind! Einschränkende Verhältnisse und Lebenssituationen sind dazu da, uns auf zugrundeliegende geistige Fehlhaltungen aufmerksam zu machen. Haben wir sie durchschaut, können wir uns von ihnen trennen.

Hinweis: *Löse dich von allem, was die Freiheit deines Geistes einschränkt. Doch gib deinen Ideen und Plänen einen Ausdruck, der von anderen Menschen verstanden wird. Nimm ihr Urteil in Bescheidenheit entgegen. Du magst in Gedanken deiner Zeit weit voraus sein, doch Gegenwart und Erde sind der Prüfstein, an dem deine Vorstellungen gemessen werden.*

Frage: *Von welchen Glaubenssätzen, Gefühlen oder Beziehungen läßt du dich einschränken?*

Anregung: *Erstelle eine Liste von inneren und äußeren Beschränkungen deines Lebens und entscheide, von welchen du dich jetzt endgültig trennen willst.*

Affirmation: *Meinen kreativen Möglichkeiten sind keine Grenzen gesetzt – außer jenen, an die ich glaube.*

Prinzessin der Schwerter

Stichworte: *Erde in Luft; aus der Umwölkung in die Klarheit; Sieg über Stimmungen; Rebellion.*

Die aufrüttelnde Frische geistiger Klarheit, die die »Prinzessin der Schwerter« repräsentiert, hat den alten, leeren Altar gesprengt. Er fliegt in die Luft und zieht Wolken von Rauch, Schutt und Asche hinter sich her. Wenn die geistige Erneuerung die Erde erfaßt, vernichtet sie die Altäre irrationaler Vorstellungen. Die aufgewirbelten Wolken werden sich bald legen und der Klarheit Raum geben.

Das gleiche kann auf innere Vorgänge im Menschen übertragen werden. Jede Veränderung, jeder innere Konflikt wirbelt Wolken von Emotionen und Stimmungen auf. Doch die Prinzessin der Schwerter erlaubt den Gefühlsregungen nicht, die Klarheit ihrer Wahrnehmung zu trüben! Sie weiß ihr Schwert zu gebrauchen, mit dem sie sich von Stimmungen und störenden Gedanken trennt.

Die Prinzessin der Schwerter repräsentiert eine äußerst rebellische Person, die weder vor Alteingessenem noch vor Heiliggesprochenem zurückschreckt. Ihre Rebellion steht im Dienst von Klarheit, Offenheit und Wahrheit. Bereit, zu zerstören, was unfrei macht, räumt sie gründlich auf mit allen moralischen Vorschriften, die Leben unterdrücken oder verhindern. Ihr aggressives »Nein« entspringt einem ungebrochenem »Ja« gegenüber sich selbst und dem Dasein. Es ist vergleichbar mit der drastischen Aktion, mit der einst Jesus die Krämer und Händler mit der Peitsche aus dem Vorhof des Tempels trieb.

Hinweis: *Deine aufrüttelnden Gedanken und Ansichten mögen manchmal »heilige Altäre« sprengen. Paß auf, daß du dich nicht unter dem Schutt begraben läßt. Räume deinen Stimmungen keine Macht über dich ein. Bleibe deinen Idealen treu.*

Frage: *Welches sind die »alten Altäre« in deinem Leben oder in deiner Umgebung? Hast du den Mut, sie zu sprengen?*

Anregung: *Prüfe, ob deine Rebellion ihre Wurzeln in deiner Liebe hat.*

Affirmation: *Echte Rebellion ist positiv, konstruktiv, kreativ.*

Ritter der Scheiben

Stichworte: *Feuer der Erde; Arzt, Heiler, finanzielle Investitionen; Ernte – Arbeit und Mühe.*

Der Ritter der Scheiben verkörpert die Meisterschaft von Gesundheit und materiellem Überfluß. Seine Fähigkeit zu diagnostizieren, erstreckt sich sowohl auf den Körper des Menschen, als auch auf den Umgang mit Finanzen, Vermögen und Kapital. Wenn es um gesundheitliche Belange geht, wird er seine Fähigkeiten als Arzt und Heiler hilfreich einsetzen. In Geldangelegenheiten verdient sein Rat berücksichtigt zu werden.

Die Karte zeigt die Zeit der Ernte. Die Ähren im Vordergrund sind reif. Der Ritter ist mit der Einbringung der Ernte beschäftigt (Dreschflegel). Doch das Ernten ist auch mit Arbeit und Mühe verbunden. Der kleine, unbesiegbare Ritter ist in seiner starren Rüstung beengt. Das Pferd wirkt erschöpft, wie nach einem langen, mühevollen Ritt. Wie schwer ist es doch, den inneren Reichtum nach außen sichtbar werden zu lassen und die Früchte dieser Anstrengung zu ernten!

Doch alle Mühen lohnen sich, wenn sie in den Dienst der Entfaltung der eigenen Wachstumsmöglichkeiten gestellt werden. Der Schutzschild des Ritters ist in konzentrischen Kreisen von gelbem, strahlendem Sonnenlicht umgeben, das den Berg im Hintergrund zu einem grünen Berg der Kreativität verwandelt. Der zurückgeklappte Helm mit dem Hirschkopf unterstreicht die erweiterte Wahrnehmung. Die Geisteskräfte sind ganz in den Dienst der Erde gestellt und eng mit ihr verbunden (rotbraunes Tuch verbindet Kopf und Erde). Dies gibt ihnen Form und Struktur, die notwendig bei der Auseinandersetzung mit der physischen, erdhaften

Realität gebraucht werden. Gleichzeitig bedeutet diese Struktur oftmals die als schmerzhaft erlebte Begrenzung des nach Entgrenzung und Unabhängigkeit strebenden Geistes.

Doch wirkliche Freiheit kann nicht durch Flucht vor den materiellen Notwendigkeiten erreicht werden. Sie entfaltet sich erst in der dienenden liebevollen Hingabe an die unterschiedlichen Dimensionen des Erdenlebens.

Hinweis: *Es ist jetzt an der Zeit, deine Fähigkeiten dienend einzusetzen. Deine Aufgaben sind groß und verlangen von dir den Einsatz all deiner Kräfte. Nimmst du die Mühen auf dich, wird die Ernte dich reich belohnen.*

Frage: *Gibt es Aufgaben in deinem Leben, vor denen du ausweichen möchtest?*

Anregung: *Immer, wenn dir die Mühen als »zu viel« erscheinen, konzentriere dich auf die positiven Resultate für dich und andere. Wichtiger als das, was dabei herauskommt, ist das, was du innerlich gewinnst, das heißt deine inneren Lern- und Wandlungsprozesse.*

Affirmation: *Mit jeder Aufgabe, die ich bereit bin anzunehmen, erhalte ich auch die Kraft, sie zu verwirklichen.*

Königin der Scheiben

Stichworte: *Wasser der Erde; Fruchtbarkeit, Körperlichkeit, Ernährung; Zurücklassen der mühevollen Vergangenheit.*

Die »Königin der Scheiben« hat den mühsamen Weg durch die Wüste (Hintergrund) beendet und ist jetzt in eine grüne und fruchtbare Landschaft gelangt. Sie sitzt ruhend auf einer mächtigen Ananasfrucht, genießt die erquickende Oase und hat Zeit, auf den langen mühsamen Weg zurückzuschauen.

Der Kristallstab und die geschwungenen Hörner auf ihrem Kopf deuten auf die Klarheit ihrer erweiterten Wahrnehmung. Ihr Kleid aus Reptilienhaut und der Globus in ihrem Arm symbolisieren die Erneuerung der Erde und sind Hinweis auf Fruchtbarkeit.

Der Ziegenbock vor ihr stellt die Zeugungskraft dar, Ursprung für neuentstehendes Leben. Er kann aber auch in den Eigenschaften des Steinbocks gesehen werden: zäh, ausdauernd, unabhängig. Die Königin der Scheiben schenkt ihrem Körper große Aufmerksamkeit. Sie weiß sehr genau, welche Zuwendung der Körper braucht, damit er – als Tempel der Seele – die innere Schönheit angemessen zum Ausdruck bringen kann. Dies betrifft Bereiche wie Körper- und Schönheitspflege, ebenso wie gute Ernährung und gesunde Lebensführung.

Hinweis: *Du hast eine »Durststrecke« hinter dir und bist jetzt in eine fruchtbarere Umgebung gelangt. Du kannst jetzt ausruhen und dich dir selbst und deinen körperlichen Bedürfnissen widmen.*

Frage: *Auf welche Weise hast du deinen Körper, dein Äußeres vernachlässigt? Gestattest du es dir, dich selbst zu verwöhnen zu pflegen und zu genießen?*

Anregung: *Schenke deiner Gesundheit und der Schönheit deines Körpers mehr Aufmerksamkeit als bisher.*

Affirmation: *Ich schenke meinem Körper liebevolle Aufmerksamkeit; er beschenkt mich mit Lebenskraft, Lebensfreude und Gesundheit.*

Prinz der Scheiben

Stichworte: *Luft der Erde; große Energie in materiellen Angelegenheiten; Unerschütterlichkeit, Besonnenheit, aktiver Einsatz des Körpers.*

Der »Prinz der Scheiben« repräsentiert den Vorgang der Blüte und der Befruchtung, was durch die vielen unterschiedlichen Blüten im Hintergrund dargestellt wird. Er sitzt auf einem sehr stabilen Wagen, der von einem kräftigen Stier gezogen wird. Das Symbol des Stieres wiederholt sich auf dem Helm des Prinzen. Die Früchte deuten schon auf den Reichtum der Ernte hin, welche der Befruchtung folgen wird.

In seiner Linken hält er eine Kugel mit mathematischen Symbolen; sie erinnert an einen Globus. Dies deutet auf die unaufhörlich sich erneuernden Manifestationen (Früchte) auf mikro- und makrokosmischen Ebenen hin. Das Zepter in seiner Rechten symbolisiert das globale Bewußtsein, das sich in jeder erdhaften Erscheinung offenbart.

Mit unbeirrbarem Willen zieht der Stier den Wagen voran. Nichts kann ihn aufhalten, nichts den stählernen Willen, sein Ziel zu erreichen, brechen. Gerade in den wichtigsten und ernsthaftesten materiellen Angelegenheiten beweist er seine Unerschütterlichkeit und besonnene Beharrlichkeit.

Die Eigenschaften seines Zugtieres, in Verbindung mit seiner Offenheit – er präsentiert sich nackt und ungeschützt –, geben dem Prinzen jene Vertrauenswürdigkeit, die ihm im Umgang mit Menschen zugute kommt.

Das Wesen des Prinzen ist kreativ. In der schöpferischen Auseinandersetzung mit der Erde gelangt er zu einem tiefen Verständnis der Dinge.

Hinweis: *Jetzt gilt es, in Aktion zu treten. Du kannst dabei wichtige Erfahrungen machen.*

Frage: *Welche Tätigkeit macht dir Spaß? Wobei könntest du dich verwirklichen?*

Anregung: *Finde eine körperliche oder gestalterische Aktivität, bei der du Freude und Erfüllung findest.*

Affirmation: *Jetzt finde ich die Tätigkeit, die mich erfüllt und befriedigt.*

Prinzessin der Scheiben

Stichworte: *Erde in Erde; Schwangerschaft, Mutter Erde, Geburt, Erneuerung; Harmonie.*

Der gewölbte Bauch der »Prinzessin der Scheiben« zeugt von Schwangerschaft. Es ist dies die dritte Karte für Mutterschaft in diesem Tarot (vgl. »Die Kaiserin«, »Königin der Kelche«). Im übertragenen Sinne gilt die Prinzessin der Scheiben auch als die Mutter einer neuen Identität, Idee oder eines neuen Konzeptes.

In ihrer Linken hält sie eine Scheibe, deren Mitte von dem chinesischen Zeichen des vollkommenen Gleichgewichts (Yin/Yang) gebildet wird. Aus dieser Balance erblüht die Rose der Isis, der großen Fruchtbarkeitsmutter. Die harmonische Verbindung unserer männlichen und weiblichen Anteile bewirkt die Neuwerdung und ausgeglichene Entfaltung aller Bereiche unseres Lebens.

Der Stab in ihrer Rechten geht über den oberen Bildrand hinaus und trägt an seiner Spitze einen Kristall, der Licht ausstrahlt. Der Kristall stellt die Geburt des höchsten und reinsten Lichts dar. Er entstand in der Erde, dem dunkelsten aller Elemente. Jetzt ist er in der Lage, sein Licht der Erde zurückzugeben.

Auf ihrem Kopf trägt die Prinzessin die Widderhörner, die den Vorstoß in das Neue kennzeichnen. Die Haare sind oben zu dicken Zöpfen geflochten und fallen dann lang herab. Der Zopf symbolisiert die Verflechtung dreier Wesen (z.B. Vater, Mutter, Kind); dies bedeutet auch Bindung und Verpflichtung. Doch dieser Zusammenhalt darf für die Mutter nicht zum Selbstzweck werden. Nach der notwendigen Zeit der festen Bindung sollte – im Bild gesprochen – das Haar wieder frei und ohne Beschränkungen fließen können.

Der Thron der Prinzessin befindet sich in einem Hain heiliger Bäume am Fuße der heiligen Berge. Der Boden, in dem die Bäume wurzeln, ist erfüllt und verwandelt vom gelben Licht des Geistes, das durch den Stab vom Himmel zur Erde gelangt. So erhalten die Bäume selbst die Funktion der Verbindung von Geist und Materie. Durch die Geburt des Neuen wird das Licht zur Erde gebracht. Die Ideen-lmpulse des Kosmos werden im Menschenleben sichtbar und durchdringen alles mit ihrer göttlichen Qualität.

Hinweis: *Etwas Neues tritt in dein Leben. Mach dich bereit!*

Frage: *Was möchtest du verändern, um dich auf die Entstehung von etwas Neuem vorzubereiten?*

Anregung: *Meditiere eine Weile mit dem Bild der Prinzessin. Atme weich und laß deine Augen auf dem Yin-Yang-Zeichen ruhen. Dann schließe die Augen und fühle die Qualität des Neuen, das in dein Leben eintritt.*

Affirmation: *Ich bin jetzt bereit für das neue Schöne in meinem Leben.*

C. Das Kleine Arkanum

Stäbe

Kelche

Schwerter

Scheiben

As der Stäbe

Stichworte: *Feuer; hohe, starke, kreative Energie; Dynamik, Transformation.*

Das »As der Stäbe« ist dargestellt als eine mächtige Feuerfackel, Ausdruck des Feuer-Elementes, dem die Stäbe zugeordnet sind. Diese Karte ist nach der »Sonne« die zweithöchste Energie-Karte des Decks.

Sie zeigt die Kraft frei fließender, dynamischer Energie, befreit von Blockaden und Ängsten. Die Blitze, die in alle Richtungen fahren, stellen die aufbrechende Kraft dieser Flamme dar. Alle scheinbar sicheren Beschränkungen, an denen man sich festzuhalten pflegte, werden durch die Wucht der durchbrechenden Energie erschüttert und zerstört. Dies eröffnet einen neuen Zugang zu unserem wahren kreativen Potential.

Sind die Hindernisse aus dem Weg geräumt, kann die Erneuerung aller Lebensbereiche beginnen. Die wiederbelebende Kraft erfüllt alle Ebenen unseres Seins mit neuem Licht. Jetzt ist es wichtig, für die freifließende Energie einen kreativen Rahmen zu finden! Wir können sie nur dann wirklich nutzen, wenn wir ihr ein Ziel geben, auf das wir uns ausrichten. Den richtigen Rahmen für die Verwirklichung zu finden, ist der nächste Schritt, der nach der Befreiung von Blockaden folgen sollte.

Hinweis: *Du bist voller Kraft und Energie! Setze alles daran, herauszufinden, wo und wie du sie einsetzen willst und kannst.*

Frage: *Wohin drängt es dich am stärksten? Was macht dir am meisten Freude? In welchem Rahmen könntest du deine Ideale verwirklichen?*

Anregung: *Laß auf die Beantwortung der obigen Fragen konkrete Handlungen folgen!*

Affirmation: *Ich bringe meine Energie und Kraft offen zum Ausdruck.*

Zwei Stäbe – Herrschaft

Stichworte: *Mars im Widder; kriegerische, zentrierte Energie, Pionier; die Situation beherrschen oder meistern.*

Der Planet Mars, Träger dynamischer Tatkraft, befindet sich in seinem eigenen Zeichen, dem Widder, dem Pionier, der sich stets neuen Wegen und Vorgehensweisen zuwendet. Die vorwärtsdrängende Energie findet neue Richtungen.

Die Stäbe sind dargestellt als zwei gekreuzte Dorfes, dem tibetanischen Symbol des Donnerkeils. Ihre Enden tragen Masken mit Pferdeköpfen, Sinnbild für Temperament und Durchsetzungsvermögen. Die Pfeilspitzen sind mit Schlangen besetzt, Hinweis auf die mit Zerstörung einhergehenden Erneuerung.

Das Wesen der »Herrschaft« beruht auf Kraft und Zentriertheit. Besser geeignet erscheint der Ausdruck »Beherrschtheit«, ein Zustand gesammelter Konzentration, aus dem heraus neue Wege mutig beschritten werden. Die drastischen Veränderungen, die damit notwendig einhergehen, können den Pionier nicht aus seinem Zentrum werfen.

Der Hintergrund des Bildes zeigt das Zusammentreffen von Wasser und Feuer, ein alchemistisches Symbol der Vereinigung unterschiedlicher Aspekte unseres Wesens. Daraus entsteht das Neue. Das Annehmen der Gegensätze ermöglicht Lösungen, die unsere Perspektiven verändern und erweitern.

Hinweis: *Achte auf deine innere Zentrierung. Bist du in Kontakt mit deiner Mitte, wirst du die Situation sicher meistern. Vertraue deiner Kraft. Laß dich auf keine faulen Kompromisse ein!*

Frage: *Durch welche Aufgaben/Situationen fühlst du dich herausgefordert?*

Anregung: *Wenn du vor einer Situation stehst, die dich herausfordert: setze dich bequem und aufrecht hin; atme tief in deinen Unterbauch; warte, bis der Atem weich und ruhig fließt und du dich ganz entspannt fühlst. Jetzt stell dir die bevorstehende Situation vor. Du kannst nun sehen oder fühlen, wie es sein wird, wenn du aus deiner Mitte heraus handelst…*

Affirmation: *In meinem Zentrum finde ich die Kraft, die ich jetzt brauche.*

Drei Stäbe – Tugend

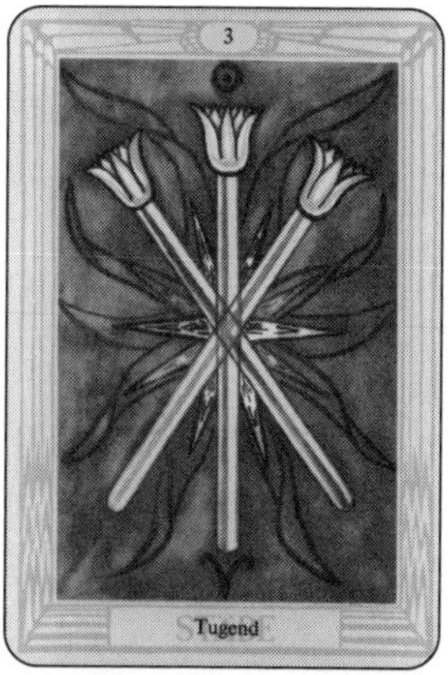

Stichworte: *Sonne im Widder; Tugend, Integrität, Ehrlichkeit, Selbstvertrauen, Neubeginn.*

Die »Drei Stäbe« tragen Blüten, die im Begriff sind, sich zu öffnen. Die Entfaltung ist das Ergebnis inneren Erwachens. Körper, Geist und Seele stehen im Einklang. Aus diesem Zustand heraus kristallisiert sich eine Integrität, die sich auf keine faulen Kompromisse einläßt. Die eigene Kraft wird wahrgenommen und zugelassen und nicht an andere unterwürfig abgegeben. Trotz der äußeren Dynamik bleibt das Zentrum unangetastet und klar.

Die Rückbesinnung auf diesen Punkt der inneren Ruhe bewahrt vor der Belastung durch unnötige Probleme und läßt ein neues Selbstvertrauen entstehen. Das innere Wissen ist stark genug, um Anflüge von bangen Zweifeln abzuweisen. Grüblerisches Hinterfragen des analytischen Verstandes hat gegenüber dem Erfülltsein mit klarer Vitalität und Lebenskraft (Farbe orange) keine Chance.

Hinweis: *Wie bei den »Zwei Stäben« ist die innere Zentrierung das Thema. Sie geschieht jetzt ohne Kampf, ohne jeden Kraftakt, sondern erblüht aus deinem Vertrauen.*

Frage: *Welche Aufgaben/Situationen stehen dir bevor und verlangen deine ungeteilte Energie?*

Anregung: *Sei bereit für eine neue, befreite Art des Umgangs mit dir selbst und anderen Menschen.*

Affirmation: *Ich vertraue meiner eigenen Kraft und setze sie ein zum Wohle für alle Beteiligten.*

Vier Stäbe – Vollendung

Stichworte: *Venus im Widder; Vollendung, Vereinigung, Vervollständigung; Möglichkeiten für Neubeginn.*

Der Kreis schließt sich. Die Gegensätze kommen zusammen und verbinden sich zum Mittelpunkt. Die Harmonie zwischen männlich und weiblich, aktiv und passiv (Taube und Widderkopf) ist wiederhergestellt. Das Feuer der Kreativität wird durch dieses Zusammenfinden entfacht.

Venus, Symbol für Schönheit und Liebe, vereinigt sich mit Widder, dem Prinzip des Neubeginns. Das Herz drängt nach vorn und sucht für die Entfaltung des Schönen eine neue Richtung. Das Neue jedoch setzt die Vollendung des Alten voraus. Der Konflikt der Gegensätze muß auf eine Weise beigesetzt werden, die zu einer Annäherung an gemeinsame übergeordnete Ziele führt. Spannungen in Beziehungen können für alle Beteiligten fruchtbar werden, wenn die Andersartigkeit der Partner erkannt und respektiert wird. Dies ermöglicht eine gegenseitige Unterstützung bei der Erreichung des gemeinsam Erstrebten.

Hinweis: *In deinen Beziehungen bahnt sich etwas Schönes an. Vielleicht zeigt es sich zunächst daran, daß Bestehendes durch offene Auseinandersetzungen in Frage gestellt wird. Eine Klärung ist Voraussetzung für eine neue Vereinigung, für ein neues Beginnen.*

Frage: *Bist du bereit, deinen Partner in seiner Andersartigkeit anzunehmen? Welche Bereiche müssen dringend geklärt bzw. abgeschlossen werden?*

Anregung: *Falls Spannungen zwischen einem Menschen und dir bestehen – jetzt ist ein guter Zeitpunkt, die Beziehung zu klären und das Alte abzuschließen.*

Affirmation: *Die Vollendung des Alten macht mich frei für das Neue.*

Fünf Stäbe – Streben

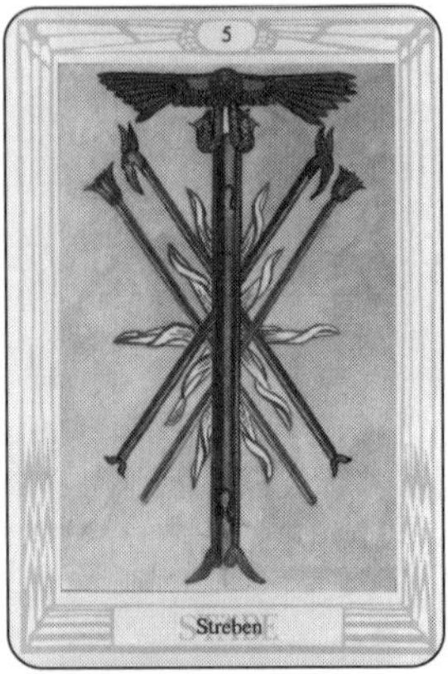

Stichworte: *Saturn im Löwen; Hemmung, unerfüllte Sehnsucht, Verbitterung, Ängstlichkeit, vergebliches Streben.*

Der zentrale Stab ist bleischwer geworden. Die geflügelte Scheibe, die normalerweise den Aufschwung in höhere Sphären darstellt, trägt einen Stern mit der Spitze nach unten. Dieser ist von weiteren fünf sich überlagernden kleinen Scheiben bedeckt: Das Auge des Horus hat die Klarheit seiner Sicht verloren. Auch die Schlangen der Regeneration wirken träge und schläfrig. Die Phönixköpfe sind voneinander abgewandt, als wollten sie sich gegenseitig meiden.

Die Karte zeigt ganz allgemein einen Zustand, bei dem die kreative Kraft des Löwen blockiert ist (Saturn). Der freie Fluß der Energie ist stark gehemmt und somit angestaut. Die geballte Ladung strebt vergeblich nach einer Ausdrucksmöglichkeit. Das Leben wird zur Last: die kleinen Flügel unten versuchen immer noch den schweren Bleistab zu heben.

Hinweis: *In einer solchen Situation besteht die Gefahr der Resignation. Saturn erinnert uns nur, daß die Dinge Schritt für Schritt angefaßt werden müssen. Laß dich nicht entmutigen, sondern schaue immer wieder auf die Flammen hinter den Stäben, die trotz der Behinderung weiterbrennen. Wenn du diese Karte gezogen hast, zeigt das deine Bereitschaft, dich der Situation zu stellen und etwas zu unternehmen.*

Frage: *Gibt es für dich unüberwindlich erscheinende Hindernisse für die Verwirklichung deiner Ziele?*

Anregung: *Gehe Schritt für Schritt vor! Nimm alles leichter! Ziehe eine weitere Karte, die dir zeigt, was für dich hilfreich sein kann, deine Kräfte wieder zu befreien.*

Affirmation: *Ich bin jetzt mehr und mehr fähig, meine Gefühle zu zeigen und meine Kreativität in meiner Arbeit auszudrücken.*

Sechs Stäbe – Sieg

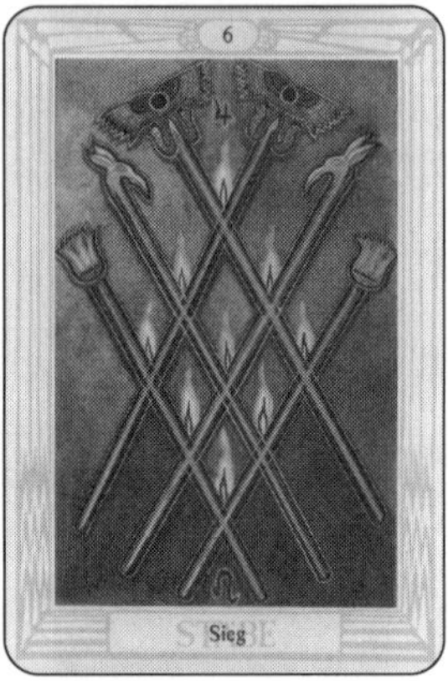

Stichworte: *Jupiter im Löwen; Sieg, Erfolg, Klarheit, Durchbruch; Vereinigung der Kräfte.*

Wenn wir lange genug gesucht haben (Fünf Stäbe), wenn wir alle notwendigen Mühen auf uns genommen haben, kommt der plötzliche Durchbruch und der Sieg stellt sich unverhofft ein. Wir sind erfüllt von einem erhabenen Gefühl der Stärke, welches uns auf allen erwünschten Ebenen zum Sieg verhilft.

Die sechs Stäbe der Kraft sind harmonisch angeordnet und ergänzen sich in ihrer Wirkung. Die Lotosblüten (Liebe), die Phönixköpfe (Wiedergeburt, Erneuerung) und die geflügelten Kugeln mit den Schlangen (kreative Kraft, Neuschöpfung, Auge des Horus) sind vereint und verstärken sich gegenseitig. Die Flammen brennen wieder.

Das Violett des Hintergrundes ist in dem sicheren Gefühl des Sieges lichter und klarer geworden. Im alten Ägypten war dies die Farbe, die den Durchbruch zum Sieg kennzeichnete.

Jupiter, der Planet des Glücks und der Expansion, verbindet sich mit der Kreativität des Löwen. Alle Ziele werden mühelos erreicht. Der Sieg sollte jedoch niemals andere Menschen in ungerechtfertigter Weise benachteiligen. Der Kampf muß mit fairen Mitteln geführt werden und soll im Dienst einer guten Sache stehen, die allen Beteiligten zugute kommt.

Hinweis: *Führe aus, was du vorhast. Der Augenblick verspricht Erfolg.*

Frage: *Was willst du wirklich erreichen? Was bedeutet für dich »Sieg«?*

Anregung: *Laß eine klare Antwort auf die obigen Fragen in dir entstehen. Dann ziehe eine weitere Karte, die dir zeigt, welche Kräfte dich auf dem Weg zu deinem Sieg unterstützen bzw. hemmen.*

Affirmation: *Ich bin jetzt bereit, Erfolge in meinem Leben zu genießen. Mein Sieg dient dem Wohle aller Beteiligten.*

Sieben Stäbe – Tapferkeit

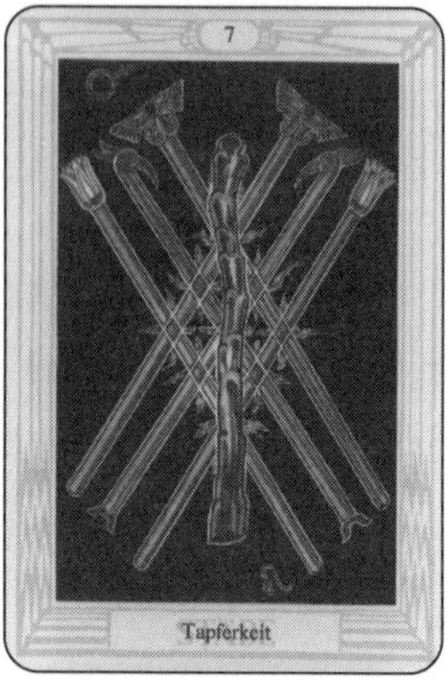

Stichworte: *Mars im Löwen; Durchschlagskraft, Mut, Tapferkeit, Risikobereitschaft, keine Kompromisse.*

Die männlich kriegerische Kraft des Mars erhält in Verbindung mit dem Mut des Löwen eine ungeheure Durchsetzungskraft. Der Kampf wird makellos geführt. Das Violett des Hintergrundes ist die Farbe des Kriegers, der ohne Zaudern zuschlägt und nur mit einem eindeutigen Sieg zufrieden ist.

Die sechs Stäbe im Hintergrund tragen tibetische Symbole der Kraft (vgl. »Sechs Stäbe«). Sie stehen im Dienst des starken Stabes im Zentrum. Die Energien sind vereint auf das Ziel gerichtet.

Die »Sieben Stäbe« stellen eine Steigerung der beiden vorhergehenden (5, 6) dar. Die Tapferkeit, die hier als Charaktereigenschaft dargestellt ist, hat ihren Ursprung in den eigenen Lebenserfahrungen. Sie zeigt die Fähigkeit, aus Vergangenem zu lernen. Dies erhöht die Bereitschaft, bewußt Risiken einzugehen. Kompromisse kommen nicht in Frage, weil diese eine Verleugnung der eigenen inneren Wirklichkeit darstellen würden. Es ist an der Zeit, zu sich selbst und seiner eigenen Kraft uneingeschränkt zu stehen!

Hinweis: *Uns selbst treu zu sein, bedeutet mitunter, auch gegen massiven Widerstand unsere eigene Wirklichkeit zu vertreten. Vertraue deiner Kraft. In dieser Angelegenheit solltest du dich unbedingt durchsetzen.*

Frage: *Bist du bereit, alle Konsequenzen auf dich zu nehmen? Mache dir die Befürchtungen bewußt, die dich bisher daran gehindert haben, voll und ganz für deine Sache einzutreten.*

Anregung: *Werde dir deines inneren Kriegers/deiner inneren Kriegerin bewußt. Welche positiven Eigenschaften verkörpert dieser Aspekt deines Wesens?*

Affirmation: *Ich vertrete offen und ehrlich meine eigene Wirklichkeit.*

Acht Stäbe – Schnelligkeit

Stichworte: *Merkur im Schützen; klare, direkte, schnelle Kommunikation; Überwindung von Mißverständnissen.*

»Schnelligkeit« ist die Testkarte für die Überwindung der Hindernisse, die uns bei der Karte der Fünf Stäbe (Streben) im Weg standen. Diese Blockade, dargestellt durch das Quadrat, verwandelt sich jetzt in einen großen geschliffenen Kristall, der in den Farben des Regenbogens schillert. Durch offene und direkte Mitteilung des eigenen Standpunktes kann das Hindernis verwandelt werden. Die Mißverständnisse weichen der Klarheit. Man hat sein eigenes inneres Zentrum gefunden und vertritt seine Position mit allem Nachdruck und aller Offenheit (rote, dynamische Pfeile aus dem Zentrum). Was eben noch als unüberwindbares Problem erschien, rückt jetzt bedeutungslos in den Hintergrund. Das Überwinden des anfänglichen Zögerns, die Bereitschaft, die störenden Dinge beim Namen zu nennen, befreit diese von ihrem hemmenden Einfluß.

Der Regenbogen als Symbol der Ganzheit und Harmonie weist darauf hin, daß ein Prozeß zum Abschluß kommt. Wir sehen zurück und erkennen, daß auch die Schwierigkeiten der Vergangenheit zur Vervollständigung des Lernprozesses beigetragen haben.

Hinweis: *Der Augenblick ist gekommen, wo du deinen eigenen Standpunkt klar und bestimmt mitteilen solltest. Bist du offen und stehst ganz zu dir, werden sich Mißverständnisse klären lassen.*

Frage: *Gibt es Menschen, denen gegenüber du es nicht wagst, deinen Standpunkt offen zu vertreten?*

Anregung: *Benutze diese Gelegenheit, um dich den Menschen, die dir etwas bedeuten, klar mitzuteilen. Sprich mit ihnen oder schreibe Briefe.*

Affirmation: *Meine Offenheit und mein Selbstvertrauen öffnen die Herzen jener Menschen, die ich liebe.*

Neun Stäbe – Stärke

Stichworte: *Sonne im Schützen; Stärke durch Vereinigung bewußter und unbewußter Kräfte; Vollständigkeit.*

Der starke Stab in der Mitte verbindet Sonne und Mond. Unbewußte, verborgene Kräfte (Mond) werden sichtbar durch das strahlende Licht des Bewußtseins (Sonne). Die schlummernden Kräfte erwachen und stehen für einen gezielten Einsatz zur Verfügung. Das Erkennen und Zulassen des bislang ungenützten Potentials setzt eine Kraft frei, die als neu und außergewöhnlich erlebt wird. Es ist eine Stärke, die aus dem Inneren erwächst (Monde an den acht Pfeilen im Hintergrund) und mit Nachdruck die Dunkelheit der Unwissenheit verbannt.

Durch das Schwinden der Unbewußtheit werden wir jedoch mit zahlreichen Bereichen konfrontiert, die wir bislang verdeckt hielten, um sie nicht anschauen zu müssen. Dies kann Angst hervorrufen – Angst, alte unabgeschlossene Situationen wiederzuerleben, den Schmerz zugedeckter Wunden erneut zu fühlen. Angst auch vor der eigenen, noch nicht vertrauten Stärke, die alle Lebensbereiche erfaßt und neu gestaltet.

Doch die beginnende Selbsterkenntnis erlaubt kein Zurück. Die innere Kraft wächst mit der Größe der Aufgabe. Die Erfahrung, daß die eigene Energie weit über die bisher angenommenen Grenzen hinausreicht, ist der Beginn einer tiefgreifenden inneren und äußeren Entfaltung unseres innewohnenden Potentials.

Hinweis: *Du bist im Begriff, deine wirkliche Stärke zu entdecken. Vertraue deinem inneren Führer! Besuche gegebenenfalls Selbsterfahrungsgruppen, die dir helfen, dein Potential zu entfalten.*

Frage: *Kennst du die Angst vor deiner eigenen Stärke? In welchen Lebensbereichen äußert sich dies?*

Anregung: *Untersuche, auf welche Weise der spontane Ausdruck deiner Stärke in deiner Kindheit gebremst wurde. Welche Glaubenssätze und Verhaltensmuster haben sich daraus entwickelt? Sei bereit, diese jetzt zu verabschieden!*

Affirmation: *Selbsterkenntnis führt mich zur vollen Entfaltung meines Kraftpotentials.*

Zehn Stäbe – Unterdrückung

Stichworte: *Saturn im Schützen; unterdrückte Gefühle; zurückgehaltene Energie; Trennung, Absonderung, Aggression.*

Die lebendige Energie der acht Stäbe im Hintergrund wird unterdrückt und verhindert durch die zwei starken Stäbe im Vordergrund. Letztere tragen dieselben Symbole wie die zwei Stäbe der Karte »Herrschaft«. Doch jene sind vereint und unterstützen sich, während diese getrennt nebeneinanderstehen und eine starre Blockade bilden.

Die Kommunikationsbereitschaft des Schützen wird gebremst durch Saturn, dessen Strenge Angst hervorruft. Aus Furcht vor Zurückweisung, Mißbilligung und Strafe entwickelt sich Angst vor der eigenen Stärke, Vitalität und Lebenskraft. Werden diese Lebensenergien jedoch unterdrückt, verwandeln sie sich in Wut, Ärger und Gewalt. Findet die Aggression kein Ventil nach außen, so richtet sie sich nach innen und äußert sich in Selbstanklagen, Depression, bis hin zur Krankheit.

Diese Karte ist eine Aufforderung, die eigene Unterdrückung der Lebensimpulse zu erkennen und zu beenden. Dies ist ein Schritt zur Selbstverantwortlichkeit, zur Befreiung von ungerechtfertigten moralischen Schranken.

Hinweis: *Ob dir die Unterdrückung deiner Energien bewußt ist oder nicht: da ist sehr viel mehr, was du ausdrücken, erleben, genießen und feiern möchtest! Habe den Mut, dein inneres Feuer auszudrücken!*

Frage: *In welchen Situationen unterdrückst du deine Kraft oder schneidest dich von deiner Lebensfreude ab? Was befürchtest du?*

Anregung: *Ziehe eine andere Karte mit der Frage, was es für dein Leben bedeutet, wenn du den Mut hast, dich zu befreien.*

Affirmation: *Ich habe ein Recht, meinen Gefühlen und Lebensimpulsen zu folgen, denn dies ermöglicht mir den wahren Ausdruck meiner Liebe.*

As der Kelche

Stichworte: *Überströmende Liebe, emotionale Klarheit, tiefe Selbstliebe; rechtes Geben und Empfangen.*

Der weiße Lotos ist Symbol für gebende Liebe. Er bildet die Basis des Kelches, der die Farbe des Elementes Wasser trägt. Senkrecht durch das Zentrum des Gefäßes strömt ein gleißendheller Energiestrahl – Erde und Kosmos verbindend. Der Kelch ist gleichsam das Medium, das sich für das Zusammentreffen von Oben und Unten, Innen und Außen, zur Verfügung stellt.

Das As der Kelche ist der weibliche Gegenpart zum As der Stäbe: offen, empfänglich, hingegeben, die verwandelnde Stärke gebender Liebe in sich tragend. Der obere und untere Teil der Karte verkörpern dieselbe innere Qualität; unten im emotionalen Bereich des Wassers, oben in der feinstofflichen Sphäre des Geistes. Wie oben so unten: Das, was im Inneren gefühlt wird, drückt sich klar und offen nach außen aus. Dadurch entsteht emotionale Klarheit, die im Bild der Karte durch Balance und Harmonie verdeutlicht wird.

Das Geben der Liebe geschieht völlig mühelos. Das, was ständig aus der unendlichen Fülle des Universums in uns einströmt, strahlt, wenn wir offen und empfänglich sind, von selbst nach außen. Es ist vergleichbar mit einer Blume, die ihren Duft verströmt, gleichgültig, ob jemand sich nähert und den Wohlgeruch genießt oder ob sie für sich alleine duftet.

Rechtes Geben macht sich nicht abhängig von einzelnen, möglicherweise verschlossenen Menschen. Da ist so viel, was geteilt werden möchte! Die ganze Existenz kann daran teilhaben. Einswerden mit der allumfassenden, alles durchdringenden Liebe:

welch eine stillbewegte Ekstase, welch ein kosmischer Orgasmus!

Hinweis: *Du bist in tiefem Kontakt mit der allumfassenden Liebe; sie erfüllt dich und du kannst sie verschwenderisch weitergeben.*

Frage: *Welches ist deine Art, deine Liebe auszudrücken?*

Anregung: *Laß die Karte für eine Weile auf dich wirken. Lies die letzten zwei Abschnitte der Beschreibung nochmals durch und schließe die Augen. Fühle dich als offener Kanal für die göttliche Energie.*

Affirmation: *Allumfassende Liebe erfüllt mich und meine Umgebung.*

Zwei Kelche – Liebe

Stichworte: *Venus im Krebs; empfangende Liebe; glückliche Beziehung; emotionaler Austausch.*

Wenn man sich selbst liebt, ist man anziehend für andere. Die Empfänglichkeit für sich selbst läßt jene Bereitschaft entstehen, sich einem Partner bedingungslos hingeben zu können. Ein tiefer emotionaler Austausch wird möglich, ein Geben und Empfangen der überfließenden Liebe. Die Vereinigung geschieht in vollendeter Harmonie, wie es die zwei ineinander verschlungenen Fische andeuten. Zwei Lotosblüten erheben sich aus dem Schlamm und erblühen. Die Kelche sind gefüllt und fließen über, Ausdruck des überströmenden emotionalen Reichtums. Ein Bild der vollkommenen Freude und stillen Ekstase.

Der See ist still und der Himmel klar und blau. Tiefer Friede (gelb) erfüllt die Gefühle (Wasser); Kräfte der Erneuerung (grün) durchdringen sie (vgl. Zwei Schwerter). Die Gedanken sind befreit und voller Klarheit (blauer Himmel). Mit den Augen der Liebe verwandelt sich die ganze Welt in ein Paradies.

Hinweis: *Deine Bereitschaft, Liebe zu empfangen, macht dich anziehend. Gib dich hin, dir selbst, den anderen, dem Leben!*

Frage: *Mit welchen Menschen, mit welcher Umgebung möchtest du jetzt deine Liebe teilen?*

Anregung: *Achte auf die Liebe, die dir entgegengebracht wird. Bleibe offen und laß sie tief in dich hinein.*

Affirmation: *Es gibt nichts zu tun, als das zu genießen, was das Leben für mich bereithält. Ich bin jetzt bereit, die Liebesbeziehung, die mich erfüllt, in mein Leben eintreten zu lassen.*

Drei Kelche – Fülle

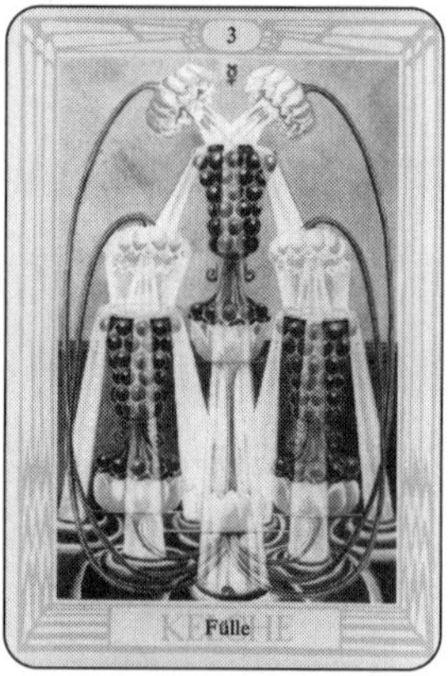

Stichworte: *Merkur im Krebs; überfließender Austausch von Liebe; seltene, wertvolle Empfindungen, die in Vertrautheit kommuniziert werden können.*

Die drei Kelche sind mit Granatäpfeln besetzt. Diese seltenen, köstlichen Früchte deuten auf den lebendigen Schatz einer außergewöhnlichen Liebe. Die Kelche werden von goldenen Lotosblüten getragen und reichlich bis zum Überfließen gefüllt. Die Liebe ergießt sich in überströmender Freude.

Wenn wir an den Kreislauf liebevollen Schenkens und Beschenktwerdens angeschlossen sind, leben wir auf allen Ebenen in der Fülle des Lebens. Vor allem aber genießen wir das Wichtigste und Schönste überhaupt: den unerschöpflichen Reichtum liebevoller, tiefer Begegnungen mit Menschen, denen wir uns angstfrei öffnen können. Solche Verbindungen sind im wahrsten Sinne des Wortes offen. Es besteht kein Bedürfnis, den anderen besitzen oder festhalten zu wollen. Wenn wir das Gesetz der Fülle verstanden haben und den Mut besitzen, auch danach zu leben, dann wissen wir, daß uns alles, was wir brauchen, in Fülle zur Verfügung steht. Dann ist es geradezu unsinnig, einen anderen Menschen manipulativ an uns binden zu wollen. Wir vertrauen unsere Anziehung und Liebe und wissen, daß diese nur in bedingungsloser Freiheit wachsen und erblühen kann. Dankbar und freudig begrüßen und segnen wir alles, was kommt und was geht. Dadurch gelangt immer mehr von der Fülle des Lebens in unser Dasein, und wir fühlen uns immer reicher beschenkt.

Hinweis: *Du hast etwas besonders Wertvolles zu teilen. Sei offen für die Menschen, mit denen du deine köstlichen Gefühle teilen kannst. Sie sind ein Geschenk; du brauchst sie nicht zu suchen.*

Frage: *Gibt es Menschen, denen gegenüber du deine Liebe noch nicht offen ausgedrückt hast?*

Anregung: *Was immer du geben möchtest, gib es jetzt. Gib im Bewußtsein deines eigenen unerschöpflichen Reichtums.*

Affirmation: *Das Leben schenkt mir alles, was ich brauche, um in der Fülle zu sein.*

Vier Kelche – Üppigkeit

Stichworte: *Mond im Krebs; Liebe, Zärtlichkeit, Fürsorge; emotionaler Reichtum.*

Der rosarote Lotus zeugt von der Liebe, die wir von anderen Menschen empfangen haben. Dies ist Teil unseres emotionalen Reichtums, der uns erfüllt und sich in unserer Umgebung durch Üppigkeit und Schönheit ausdrückt. Die Fähigkeit, all dies in Dankbarkeit und Hingabe anzunehmen und weiterzugeben, deutet auf die eigene innere Fülle, die mit anderen Menschen geteilt wird.

Die goldenen Kelche sind Ausdruck des vorhandenen Reichtums der Gefühle, deren Ursprung in den Tiefen des Unterbewußtseins wurzelt. Diese Üppigkeit ist sowohl Geschenk als auch Aufgabe. Sie verlangt maßvollen und bewußten Umgang sowie die Fähigkeit, in angemessener Weise weiterzugeben, zu teilen. Eine Gefahr besteht darin, daß die Gefühle sich verselbständigen und unbewußt und maßlos ihr Eigenleben führen. Dann verdunkelt sich das klare Blau des Himmels und das Wasser verliert seine stille Klarheit. In Zeiten der Üppigkeit gilt es, doppelt wachsam zu sein. Besonders in familiären oder sehr vertrauten Beziehungen kann ein Übermaß an Fürsorge oder Zuwendung erdrückend wirken.

Hinweis: *Dir wird viel Liebe und Zuwendung entgegengebracht. Genieße es, ohne dich abhängig zu machen.*

Frage: *Gibt es eine Beziehung, durch die du dich eingeschränkt fühlst? Neigst du selbst zu einem Zuviel an emotionaler Zuwendung?*

Anregung: *Prüfe selbstkritisch die obigen Fragen. Ziehe gegebenenfalls eine weitere Karte, die dir zeigt, wie du damit umgehen kannst.*

Affirmation: *Ich genieße das Zusammensein mit (...) in Dankbarkeit und Freiheit. Ich stehe zu meinen Bedürfnissen.*

Fünf Kelche – Enttäuschung

Stichworte: *Mars im Skorpion; enttäuschte Erwartungen; verlorenes Gleichgewicht; problematische Beziehungen; alte Wunden.*

Die goldenen Kelche sind gläsern geworden; sie sind leer und zerbrechlich. Das Pentagramm (Fünfstern) deutet mit der Spitze nach unten und zeigt den Sieg der Materie über den Geist an. Der glühendheiße Wind entwurzelt den Lotos und läßt ihn welken. Das salzige Wasser ist tot.

Allzu groß waren die Erwartungen. Ein unerwartetes Ereignis, vielleicht nur eine unbedachte Reaktion, haben sie urplötzlich zunichte gemacht. Die aggressive, zerstörerische Energie, die jetzt die Szene beherrscht, hat wahrscheinlich schon lange im Untergrund geschwelt. Man hat sie übersehen, wollte sie nicht wahrhaben. Jeder Enttäuschung liegt jedoch immer eine schwerwiegende Selbsttäuschung zugrunde. Allzulange wurde die mahnende innere Stimme betäubt; jetzt steht man ernüchtert vor den entlarvenden Tatsachen.

Doch jede Enttäuschung bringt die Möglichkeit einer wertvollen Lernerfahrung mit sich. Die Wurzeln des Lotos bilden die Form eines Schmetterlings, des Symbols der Verwandlung (von der Raupe zum Schmetterling). Wenn alte Wunden an die Oberfläche des Bewußtseins gelangen, fühlen wir die Schmerzen in ihrer ursprünglichen Intensität. Wenn wir das zulassen können, liegt darin die Chance einer echten Heilung.

Hinweis: *Entweder wurden deine allzu hohen Erwartungen enttäuscht, oder es schwelt tief in dir die Angst vor einer Enttäuschung. Jetzt gilt es, aus der Situation zu lernen.*

Frage: *In welchem Bereich deines Lebens befürchtet du Enttäuschungen? Was haben dich deine bisherigen Enttäuschungen gelehrt? Was kannst du tun, um Enttäuschungen zu verhindern?*

Anregung: *Ziehe weitere Karten zu den obigen Fragen!*

Affirmation: *Indem ich meine Selbsttäuschung erkenne, öffne ich mich für die Heilung alter emotionaler Wunden.*

Sechs Kelche – Genuß

Stichworte: *Sonne im Skorpion; Lust, Genuß; Freude in sexuellen Beziehungen; reicher Austausch von Sex- und Herzenergie; emotionale Erneuerung.*

Die Angst vor Enttäuschung (Fünf Kelche) ist überwunden. Körper und Sinne sind gereinigt und sind bereit für genußvollen Austausch mit dem Geliebten.

Die Lotosblüten entfalten sich und strahlen in kräftigem Gelb-Orange – Farbe der erwachten Vitalität. Das Material der Kelche ist Kupfer, das Metall der inneren Heilung. Beim genauen Hinsehen erkennt man in jedem Gefäß die Schlange. Dies kann als Hinweis auf die transformatorische Kraft der natürlich erlebten Sexualität verstanden werden. Die überfließenden Gefühle ergießen sich aus den Blüten in die Kelche, deren Ständer aus wertvollen, seltenen Früchten bestehen.

Diese Karte lädt ein zur Hingabe an den Reichtum der eigenen Emotionalität. Dies kann wie ein Sprung ins Wasser erlebt werden, wie die prickelnd aufregende Spannung vor dem tiefen Eintauchen, dem Verschwinden, dem Sich-Überlassen. Nach dem Auftauchen ist man erfrischt und verjüngt. Die Belohnung für das eingegangene Wagnis ist eine tiefe emotionale Reinigung und Erneuerung.

Hinweis: *Alles, was das Leben dir schenkt, solltest du jetzt voll genießen. Dies ist der beste Ausdruck deiner Dankbarkeit.*

Frage: *Gibt es in dir noch alte Schuldgefühle, die deine Freude am Genuß einschränken?*

Anregung: *Genieße deinen eigenen emotionalen Reichtum. Sei offen, ihn mit einem anderen Menschen lustvoll zu teilen.*

Affirmation: *Ich bin jetzt offen für einen Partner, mit dem ich die Freuden der Liebe auf allen Ebenen teilen kann.*

Sieben Kelche – Verderbnis

Stichworte: *Venus im Skorpion; Überaktivität, Verdruß, Überdruß.*

Das, was eben noch Quelle von Lust und Lebensfreude war, hat jetzt seinen Glanz verloren. Die Blüten lassen ihre Köpfe hängen und haben einen faden Geschmack bekommen. Die Gefühle sind wieder aus dem Gleichgewicht geraten und zeigen an, daß eine tiefe Enttäuschung noch nicht überwunden ist.

Du hast versucht, die alten Wunden zu verdecken; doch die Ablenkungsmanöver haben nichts genützt. Nach jedem Fluchtversuch, nach jedem Rausch, steht die Fratze des alten Problems noch deutlicher vor deinen Augen und färbt das Erleben der Situation immer düsterer.

Energieverlust ist die Folge von Verhaltensweisen und/oder Lebensumständen, die nicht oder nicht mehr unserem Wesen entsprechen. Du kannst selbst herausfinden, ob jetzt die notwendige Abgrenzung anderen Menschen oder äußeren Verhältnissen gegenüber erforderlich ist, oder ob es in deinem Verhalten Suchttendenzen gibt, die dich schwächen und überlasten. Süchte sind so verbreitet und so vielfältig, daß wir uns oft unmerklich an sie gewöhnt haben und sie als normalen Bestandteil unseres Lebens betrachten. Eines haben sie alle gemeinsam: Sie zeigen immer eine tiefsitzende Angst vor Mangel, sie halten uns unfrei und abhängig, und sie rauben uns dauerhaft Lebensenergie.

Hinweis: *Es ist Zeit, die Augen zu öffnen und sich der – vielleicht schmerzhaften – Realität zu stellen. Nur das Erkennen, das Wahrnehmen deiner eigenen inneren Wirklichkeit befreit! Jedes erneute*

Ausweichen würde nur die vorhandene Stagnation deiner emotionalen Energien verstärken.

Frage: *Gibt es eine Enttäuschung, die du noch nicht überwunden hast? Gab es etwas, das »zu viel des Guten« war? Hast du dich in irgendeiner Weise überfordert?*

Anregung: *Ziehe eine weitere Karte mit der Frage, was zu tun bzw. zu erkennen ist, um deinen jetzigen Zustand zu verändern.*

Affirmation: *Indem ich meine Schatten erkenne und annehme, verlieren sie ihre Macht.*

Acht Kelche – Trägheit

Stichworte: *Saturn in den Fischen; Stockung, Hemmung, emotionaler Stau; Faulheit, Unklarheit, Sumpf; Notwendigkeit klarer Abgrenzung.*

Nach der Ausschweifung, dem Verderbnis (Sieben Kelche), folgt die Trägheit. Die Energie ist verpufft, die Henkel der kupfernen Kelche (vgl. Sechs Kelche) sind zerbrochen. Zuviel des Genusses und der übermäßigen Ausschweifung!

Das Wasser der Emotion stagniert, ohne sich zu erneuern. Es beginnt zu modern, und der Dunst der Fäulnis steigt zum Himmel und umwölkt das Licht der Klarheit. Die zwei verbliebenen Lotosblüten ergießen noch ihre Energie. Doch das ist in dieser Situation vergebliche Mühe. Das stehende, faule Gewässer verschluckt das bißchen Frische und die Lebendigkeit sofort; sie gehen unter im trägen, zähflüssigen Moor.

Du hast bereits zuviel von deiner Energie an Menschen verschwendet, von denen nichts zu dir zurückfloß. Du hast sie mit deiner Energie gefüllt, aber sie waren wie Fässer ohne Boden. Du fühlst dich leer und ausgesogen. Dieses Bild spricht von einer zwischenmenschlichen Situation, in der der Fluß der Energie ins Stokken geraten ist. Je mehr man versucht, die festgefahrene Beziehung wiederzubeleben, desto leerer und kraftloser fühlt man sich selbst. Jeder Versuch, den anderen aufzumuntern, versickert ergebnislos.

Hinweis: *Es ist an der Zeit, dich auf dich selbst zurückzubesinnen, dich klar abzugrenzen und »Nein« zu sagen. Es mag ein altes Verhaltensmuster sein, die eigene Liebe immer auf Personen zu richten, von denen nichts zurückkommt, um der eigenen Angst vor dem Geliebtwerden auszuweichen.*

Frage: *Welche Menschen in deinem Leben fallen dir in diesem Zusammenhang ein? Bist du bereit, jetzt zu dir zu stehen und dich mutig abzugrenzen? In welchen Situationen versteckst du deine wirklichen Gefühle?*

Anregung: *Ziehe eine weitere Karte für das, was sich verändert, wenn du »Nein« sagen lernst.*

Affirmation: *Finde deine eigene Affirmation anhand der zusätzlich gezogenen Karte.*

Neun Kelche – Freude

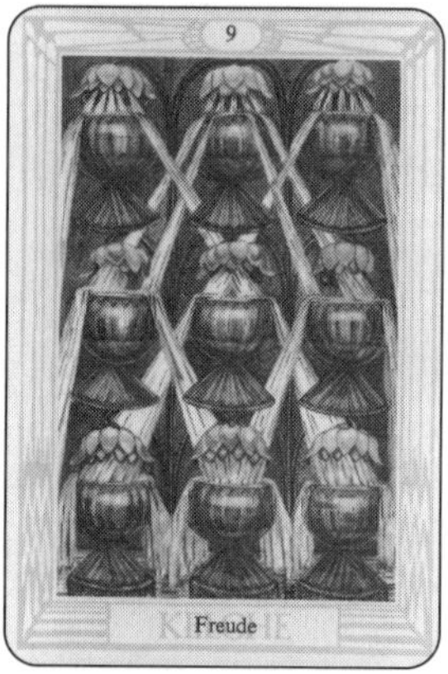

Stichworte: *Jupiter in den Fischen; Glückseligkeit, überfließende Liebe, tiefe Freude, Segnung.*

Neun Kelche sind in gleichmäßiger, harmonischer Anordnung über das Bild verteilt. Über jeden neigt sich eine geöffnete Lotosblüte und ergießt ihre Energie. Die Kelche sind gefüllt und fließen über, Darstellung eines mannigfaltigen Austausches.

Der Einfluß von Jupiter im Zeichen der Fische bedeutet mehr als bloße Sympathie; er stellt eine große Segnung dar, die aus der Vollkommenheit der Freude erwächst. Die Qualität dieser Freude zeugt von einer besonderen Tiefe. Sie ist nicht die Folge einer oberflächlichen Vergnügung, sondern kennzeichnet das Wesensmerkmal einer friedvollen Glückseligkeit, die ihre Kraft aus den Tiefenbereichen der Seele schöpft.

Hinweis: *Öffne dich zuerst der Freude im Innersten deines Wesens. Sei selbst glücklich und du ziehst das Glück magnetisch an! Vertraue deinen Empfindungen und darauf, daß es dein Geburtsrecht ist, voller Freude zu sein. Denn Freude ist deine wahre Natur!*

Frage: *Wo suchst du, wo findest du deine wahre Freude?*

Anregung: *Atme und fühle! Es gibt weiter nichts zu tun. Bist du alleine, genieße das Alleinsein. Bist du mit Menschen zusammen, genieße ihre Gegenwart. Hast du Aufgaben zu erledigen, gehe ihnen nach in freudiger Hingabe.*

Affirmation: *Freude ist mein natürlicher Zustand.*

Zehn Kelche – Sattheit

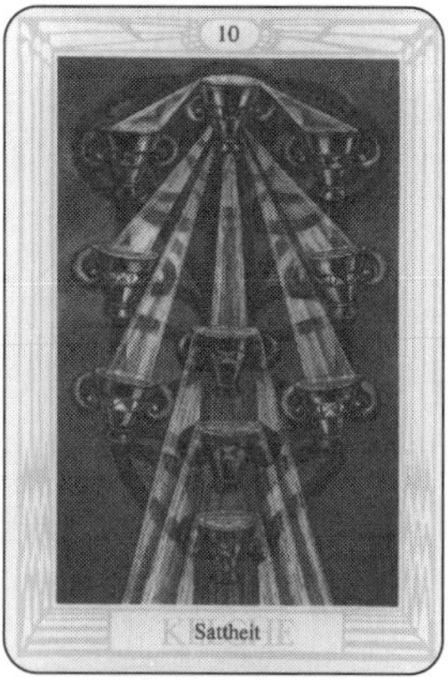

Stichworte: *Mars in den Fischen; Befriedigung, Erfüllung, Ausstrahlung, Dankbarkeit.*

Die zehn Kelche sind in der Form des Lebensbaumes angeordnet. Alles befindet sich an seinem richtigen Platz, in perfekter harmonischer Zuordnung. Ein Bild tiefen inneren Erfülltseins. Die überdimensionale Lotosblüte als Krone des Lebensbaumes zeugt von der reichlich empfangenen Liebe, die nun überfließt und an alle Beteiligten weitergeleitet wird. Jeder, der bereit ist zu empfangen, hat teil an dem reichen Strom der Liebe.

Die Henkel der goldenen Kelche tragen die Widderhörner. Die Transformation (Gold) ist vollzogen. Sie kann sich nun mit der Tatkraft des Mars vereinen. Mars gebärdet sich in dem vergeistigten Zeichen der Fische niemals grob, verletzend oder unbändig, sondern gibt dem zerbrechlich erscheinenden Wesen die notwendige Entschlossenheit, das, was tief innen erfahren wurde, nach außen zu tragen. Dies erfordert keine dramatischen Demonstrationen. Ein erfüllter Mensch ist immer von der Qualität dieser Ausstrahlung umgeben. Man erkennt ihn an seinen Früchten.

Hinweis: *Laß die Dinge sich entwickeln. Alles kommt zu dir im richtigen Augenblick.*

Frage: *Wofür kannst du jetzt deine Dankbarkeit ausdrücken?*

Anregung: *Entspanne dich, schließe die Augen, atme tief und ruhig. Laß vor deinem inneren Auge ein Bild entstehen, das dich in einem Zustand vollkommener Erfüllung zeigt. Wiederhole diese* *kleine Übung öfter und verbinde den erlebten Zustand mehr und mehr mit deiner Realität.*

Affirmation: *Dankbarkeit ist mein Schlüssel zu wachsender Erfüllung.*

As der Schwerter

Stichworte: *Geistige Klarheit, originelles Denken, geniale Gedankenkraft, göttliche Inspiration.*

Die Klinge des grünen Schwertes trägt das griechische Wort für klaren Willen. Es ist Symbol für kreative Kraft, die durch geistige Klarheit entsteht. Dieser Kraft ist der Sieg gewiß (Krone). Die Dunkelheit, die Umwölkung – Unwissenheit und Zweifel – schwinden. Der Himmel öffnet sich, und die Kristalle im Hintergrund lassen deutlich werden, daß sich geistige Klarheit materialisiert. Was durch Klarheit entsteht, wird diese Qualität sichtbar in sich tragen und weitergeben.

Der Griff des Schwertes ist von einer Schlange umwickelt und trägt zwei Halbmonde und drei Sonnensymbole. Das Unbewußte (Mond) gelangt ans Licht (Sonne). Die Schlange – Symbol der Umwandlung – zeigt, wie unbewußte Energien dem Bewußtsein zugänglich werden. Die dadurch befreite Kraft steht jetzt zur Verfügung und kann voll eingesetzt werden.

Hinweis: *Deine Klarheit ist eine wunderbare Voraussetzung für deine Unternehmungen. Du wirst mitunter Tatsachen erkennen und beim Namen nennen, die andere Menschen lieber unter den Teppich kehren würden. Dadurch trägst du große Verantwortung. Achte darauf, daß du deine Einsichten niemals herzlos vermittelst. Wenn du jedoch in Kontakt mit deiner Liebe bist, gebrauche dein Schwert, ohne dich selbst oder andere zu schonen.*

Frage: *Was unterstützt, was verhindert deine Klarheit?*

Anregung: *Meditiere über die Aussage: »Die Wahrheit, die du aussprichst, hat weder Vergangenheit noch Zukunft: Sie ist, und das ist alles, was sie zu sein braucht.« – aus Richard Bach: »Illusionen«*

Affirmation: *Ich vertraue meiner klaren Wahrnehmung.*

Zwei Schwerter – Frieden

Stichworte: *Mond in der Waage; innerer Friede, Entscheidungskraft; Entscheidungen in Beziehungen oder Situationen, die geistigen Frieden bewirken.*

Die zwei Schwerter – Symbol des Friedens – kreuzen sich in der weißblauen Rosenblüte: Bereitschaft zu Liebe und Erkenntnis anstelle von Kampf. Tiefer geistiger Friede (Farbe Gelb) verbindet sich mit den Kräften der Neugestaltung (Farbe Grün). Es handelt sich um einen Zustand, aus dem heraus Situationen geklärt und Entscheidungen intuitiv getroffen werden können. Eingebungen und Ideen, die jetzt geboren werden, sind beachtenswert. Man sollte sie im Gedächtnis bewahren, um sich in Zeiten von Unklarheit und Wirren an ihnen orientieren zu können.

Die von den Strahlen der Rose ausgehenden Propeller weisen auf das luftige Element der Karte hin. Sie zeigen, daß zu echter Ruhe auch Bewegung und Frische gehört.

Hinweis: *Der innere Frieden ist ein Geschenk besonderer Art. Du kannst ihn schützen, aber solltest ihn niemals festhalten wollen.*

Frage: *Welcher Bereich deines Lebens ist dir besonders wichtig? Du kannst jetzt notwendige Entscheidungen in Ruhe treffen.*

Anregung: *Nimm dir Zeit, tief zu entspannen. Du bist jetzt in der Lage, Vergangenheit, Gegenwart und Zukunft zu betrachten. Schreibe Einsichten auf!*

Affirmation: *Tiefer Frieden erfüllt mein Herz.*

Drei Schwerter – Kummer

Stichworte: *Saturn in der Waage; Sorgen, Zweifel, Unklarheit, Dumpfheit, Depression; Spannung in Dreierbeziehungen, Eifersucht.*

Das zentrale Schwert der Klarheit erfährt eine Einschränkung durch zwei kleine Schwerter. Sie sind gebogen, das heißt nicht in Harmonie. Die Rose ist verletzt und verliert ihre Blütenblätter. Die Klarheit ist gewichen. Düstere Wolken (Zweifel, Ängste, Sorgen) begrenzen die Weite des Geistes.

Saturn, der strenge Lehrer, läßt alle Unreinheiten deutlich werden und macht alle bequemen Ausflüchte unmöglich. Die Lektion, die hier gelernt werden soll, ist nichts Geringeres als die Bewältigung negativer Gedanken. Grübeleien und mißtrauische Erwartungen müssen deutlich als destruktive Kräfte erkannt werden, die uns von unserer eigenen Ursprünglichkeit trennen.

Mitunter kann diese Karte auch auf eine spannungsgeladene Dreierbeziehung hinweisen. Eine dritte Person dringt in die harmonische (oder langweilige) Zweisamkeit ein und macht eine Neuorientierung notwendig. Oftmals verlangt eine solche Situation klare Entscheidungen. Diese vermeiden zu wollen, verursacht Kummer und Sorgen.

Hinweis: *Diese Karte ist eine Herausforderung zu klaren, eindeutigen Entscheidungen. Nur dadurch kann die verlorengegangene Balance (Waage) wiederhergestellt werden.*

Frage: *Welches sind die Entscheidungen, die dir schwerfallen?*

Anregung: *Benutze das Tarot, um deine Entscheidungen zu finden (siehe »Legesysteme«). Ziehe eine weitere Karte für das, was dich erwartet, wenn du deine Sorgen losläßt (dich mit dem Problem konfrontierst).*

Affirmation: *Jedes Problem enthält seine eigene Lösung.*

Vier Schwerter – Waffenruhe

Stichworte: *Jupiter in der Waage; Ruhe, Zentriertheit, Klarheit, geistige Reinigung, Integration, Erweiterung.*

Die Spitzen der vier gleich starken Schwerter zentrieren sich im Mittelpunkt der entfalteten Rosenblüte. Die Sorgen sind bewältigt. Die Klarheit des Schwert-As ist zurückgewonnen; das Blau kommt wieder durch. Das Gelb-Grün, die Farbe der geistigen Kreativität, beherrscht erneut das Bild.

In dieser Atmosphäre kann sich die Rose der Erkenntnis entfalten und ausweiten. Jupiter trägt die Qualitäten von Glück und Erweiterung in sich. Was eben noch aussichtslos erschien, birgt jetzt alle Voraussetzungen zu einer glücklichen, gewinnbringenden Lösung in sich.

Das grüne Kreuz hinter den Schwertern deutet auf eine vollkommene innere Vereinigung hin: die Integration aller vier Ebenen von Verstand, Emotion, Körper und Seele.

Doch auch eine Warnung sei hier hinzugefügt: Waffenruhe bedeutet noch nicht Frieden. Es kann sich um eine vordergründige Ruhe handeln, die sich nur aufgrund unterdrückter Gefühlsimpulse erhält. Es ist also notwendig, sorgfältig zu prüfen, ob nicht vielleicht im Verborgenen bereits Störungen angelegt sind. Wenn diese rechtzeitig erkannt werden, kann ihnen ihre Macht genommen werden.

Hinweis: *Du hast genug innere Klarheit, deine Anliegen glücklich auszuführen. Achte darauf, daß du dich dabei uneingeschränkt wohlfühlst.*

Frage: *Neigst du dazu, unterschwellige Konflikte und Disharmonien unter den Teppich zu kehren?*

Anregung: *Prüfe deine Umgebung und gestalte sie so um, daß sie deine Ruhe und Zentriertheit unterstützt.*

Affirmation: *Ich ruhe in mir.*

Fünf Schwerter – Niederlage

Stichworte: *Venus im Wassermann; Angst vor Niederlage oder Verlust; Angst vor schmerzhaften Erfahrungen.*

Die fünf Schwerter sind zu einem Fünfeck angeordnet, dessen Spitze nach unten weist. Das Gleichgewicht ist verlorengegangen. Das auf dem Kopf stehende Pentagramm ist von Blutstropfen gerahmt – alte Wunden werden wieder angerührt und zum Bluten gebracht. Die Schwerter sind gebogen bzw. verletzt. Jeder Schwertgriff weist auf einen anderen Aspekt dieses Zustandes hin. Der Fisch repräsentiert die alte Vergangenheit; die schlafende Schlange zeigt, daß keine Erneuerung stattfindet; die nach unten gerichtete Krone symbolisiert die verlorene Bewußtheit; die Widderhörner zeigen, daß neue Impulse fehlen und nichts in Gang geraten will; die angedeutete Muschel drückt Schutzbedürfnis aus.

Die Angst vor einer Niederlage beherrscht den Augenblick. Diese Befürchtungen sind im Zusammenhang mit Beziehungen zu sehen oder ganz allgemein mit dem Neubeginn von etwas persönlich sehr Bedeutungsvollem. Es ist die Angst, die Kontrolle zu verlieren, die Erfahrung zu machen, daß alles dem eigenen Zugriff entgleitet.

Das Denken des Wassermanns ist auf die Zukunft gerichtet. Die Prüfung besteht darin, daß trotz der Angst vor einer Niederlage der eigenen Objektivität und Klarheit Raum gegeben wird (blauer Bildrand). Die weiße Farbe in der Bildmitte deutet darauf hin, daß der helle Geist durchzudringen versucht, um die Macht der Angst zu brechen.

Hinweis: *Das Ziehen dieser Karte zeigt, daß du jetzt bereit bist, deine Angst vor einer Niederlage zu sehen. Durch diese Erkenntnis kann die in der Angst gebundene Energie freigesetzt und losgelassen werden. Indem wir die Wurzeln der Angst verstehen, können wir sie entladen und loslassen.*

Frage: *Was assoziierst du mit »Niederlage«?*

Anregung: *Schreibe die Antwort zur obigen Frage auf oder teile sie einem Menschen mit, dem du dich anvertrauen möchtest. Wenn alte Wunden nochmals aufgedeckt werden, erlaube dir, den Schmerz zu fühlen und dessen Ursache zu verstehen. Dadurch können die Wunden heilen.*

Affirmation: *Ich stelle mich meiner Angst und lasse los.*

Sechs Schwerter – Wissenschaft

Stichworte: *Merkur im Wassermann; Fähigkeit zu analysieren, Ideen zu vereinigen, ganzheitliche Sichtweise; umfassendes Verständnis; Objektivität.*

Merkur ist eines der höchsten Geschenke an den Wassermann. Die Fähigkeit des Merkur zu analysieren bringt Klarheit in die Zukunftsperspektiven. Diese werden nicht nur klar erkannt, sondern können auch verständlich kommuniziert werden. Die unterschiedlichsten Ideen und Betrachtungsweisen treffen hier in einem zentralen Punkt zusammen. Dies ermöglicht eine neue ganzheitliche Sicht der Dinge, die die Rose der Erkenntnis erblühen läßt.

Das Rosenkreuz im Zentrum des Bildes symbolisiert das Geheimnis wissenschaftlicher Erkenntnis, das immer wieder dazu zwingt, überholte Vorstellungen und Denkweisen zu durchbrechen. Dies beschränkt sich jedoch keineswegs auf die Welt der Wissenschaft. Auch in persönlichen Angelegenheiten des Lebens dienen neugewonnene Erkenntnisse dazu, eingefahrene Geleise zu sprengen. Die notwendig gewordenen Veränderungen sollten jedoch auf eine Weise kommuniziert werden, die von allen Beteiligten gehört, verstanden und angenommen werden kann.

Hinweis: *Du besitzt die Fähigkeit, die Dinge differenziert wahrzunehmen. Dein Verständnis vereinigt viele unterschiedliche Aspekte.*

Frage: *Welches sind die »eingefahrenen Geleise« in deinem Leben?*

Anregung: *Vertraue deinen Einsichten. Kommuniziere sie auf eine Art und Weise, die anderen Menschen verständlich ist. Erlaube der Rose, sich zu entfalten.*

Affirmation: *In meinem Herzen erblüht die Rose der Erkenntnis.*

Sieben Schwerter – Vergeblichkeit

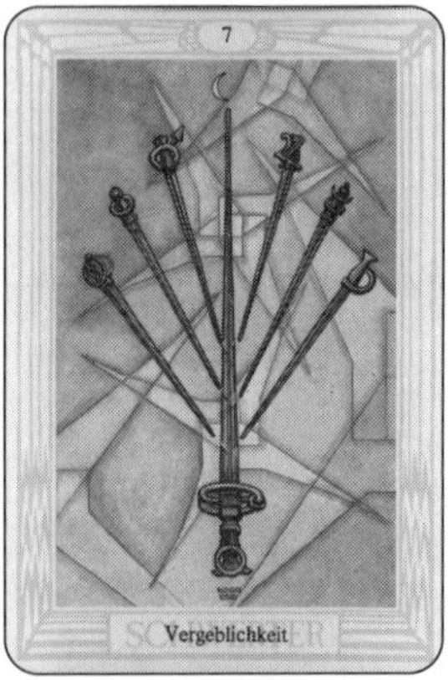

Stichworte: *Mond im Wassermann; Entmutigung, Verzagtheit, Wankelmütigkeit, Existenzangst; negative Erwartungen.*

Das große Schwert der Klarheit wird durch sechs kleine Schwerter sabotiert und verletzt. Es verliert somit seine Schlagkraft und Durchsetzungsfähigkeit. Die kleinen Schwerter, mit je einem Planetensymbol versehen, sind die pessimistischen Gedanken, die den klaren Erfolg verhindern. Bewußtes und Unbewußtes (Sonne und Mond an den Enden des zentralen Schwertes) haben ihre Positionen vertauscht. Die düsteren Erwartungen des Unbewußten trüben die klaren Einsichten. Eine dumpfe Bangigkeit beherrscht den Menschen, obwohl in Wirklichkeit alles zum besten steht.

Die entmutigenden Einflüsse der sechs kleinen Schwerter können wie folgt beschrieben werden:

Neptun: Alles erscheint wie in Schleier gehüllt; »Ich weiß einfach nicht, was ich wirklich will.«

Venus: »Das ist doch zu schön, um wahr zu sein.«

Mars: »Mir fehlt die Kraft; ich habe keine Zeit; ich bin nicht gut genug; ich schaffe es nicht.«

Jupiter: »Das war zuviel des Guten.« »Soviel Erfolg würde ich gar nicht verkraften.«

Merkur: »Ich kann es ja doch nicht richtig vermitteln.«

Saturn: »Das ist mir einfach zu mühsam und dauert viel zu lange.«

Diese buchstäblich vernichtenden Gedanken sollten jetzt keine weitere Energie bekommen. Die Realität sieht anders aus, und bald wird man über die eigenen Zweifel lachen können.

Hinweis: *Deine Befürchtungen haben mit der Wirklichkeit nichts zu tun. Wach auf und nimm die Realität wahr!*

Frage: *In welchen Lebensbereichen machst du dich selbst durch deine eigenen beschränkenden Vorstellungen klein? Wie lauten deine begrenzenden Gedanken?*

Anregung: *Ziehe eine Karte mit der Frage, wie dein Leben aussieht, wenn du deine Zweifel fallen läßt.*

Affirmation: *Ich verfüge über alle Fähigkeiten und Mittel, um das zu erreichen, was ich mir von Herzen wünsche.*

Acht Schwerter – Einmischung

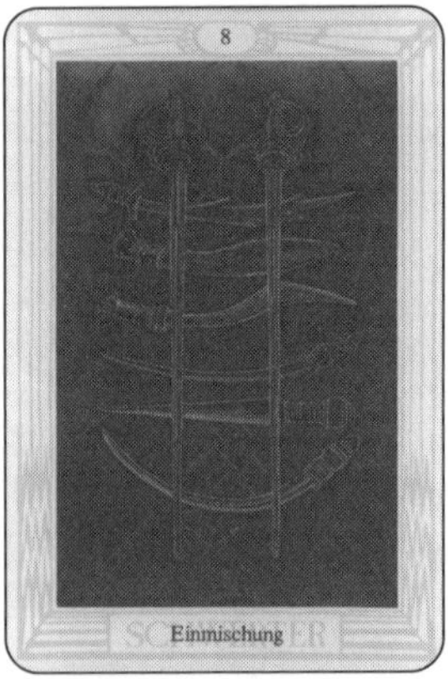

Stichworte: *Jupiter im Zwilling; Mangel an Ausdauer; Qual durch ein Zuviel des Nachdenkens; Qual der Wahl.*

Zwei zentrale, starke Schwerter werden von sechs krummen Säbeln gekreuzt. Wir sind vor die Wahl zwischen zwei gleichwertig erscheinenden Möglichkeiten gestellt. Durch analysierendes Überlegen können wir jedoch zu keiner Entscheidung finden. Immer wieder zerstören Zweifel und die Angst vor möglichen Fehlern die innere Klarheit. Auch fehlt es an Ausdauer, die erforderlich wäre, die verworrene Situation zu klären. Wie sehr wir uns auch drehen und wenden, es scheint keine befriedigenden Lösungen zu geben. Je verzweifelter wir versuchen, das verwickelte Wollknäuel aufzulösen, desto fester verknotet es sich.

Hinweis: *Laß die Dinge ruhen und sich selbst entwickeln. Solange noch Zweifel in bezug auf die zu treffende Entscheidung vorhanden sind, solltest du dich auf nichts Neues einlassen. Jupiter verheißt unvorhergesehene Möglichkeiten einer glücklichen Wendung. Das jetzt noch unüberwindbar erscheinende Problem wird die Lösung auf seine eigene Weise finden.*

Frage: *Zwischen welchen Alternativen fühlst du dich hin- und hergerissen?*

Anregung: *Entspanne dich und laß die Dinge sich entwickeln. Ziehe gegebenenfalls weitere Karten für die möglichen Alternativen.*

Affirmation: *Ich entspanne mich und vertraue dem Leben.*

Neun Schwerter – Grausamkeit

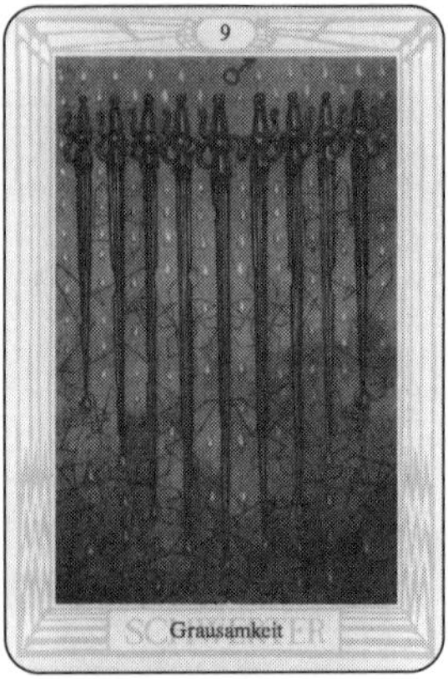

Stichworte: *Mars im Zwilling; Grausamkeit sich selbst und/oder anderen gegenüber; Selbstanklagen, Selbstbestrafung; herzlose Leidenschaften, Fanatismus, Rache; Märtyrertum.*

Neun unterschiedlich lange Schwerter stehen nebeneinander, mit der Spitze nach unten. Sie sind alle rostig und schartig und aus ihren Spitzen tropft Blut. Die Tränen im Hintergrund zeugen von dem großen Leid, das durch die Schwerter verursacht wurde. Die Klarheit ist einem Trümmerhaufen gewichen.

In der Regel bedeutet diese Karte Grausamkeit gegenüber sich selbst. Sie zeugt von einer Tendenz, sich selbst mit einem erheblichen Einsatz von Energie (Mars) herunterzumachen. Die vernichtenden Vorwürfe, die früher von Eltern oder Erziehern kamen, werden jetzt mit unverminderter Härte in Form von Selbstanklagen weitergeführt.

Oftmals geschieht dies auch im inneren Konflikt mit zwei Angelegenheiten oder zwei Personen (Zwilling). Man wagt keine eindeutigen Entscheidungen zu treffen und bestraft sich dann selbst für die eigene Unentschlossenheit. Oder man hat eine Wahl getroffen und martert sich nun mit einem schlechten Gewissen (die Beispiele können beliebig fortgesetzt werden). Man fühlt sich als Opfer der Verhältnisse und findet möglicherweise auch noch eine gewisse Befriedigung in dieser Rolle.

In selteneren Fällen kann diese Karte auch auf die physische oder psychische Grausamkeit eines herzlosen Menschen hinweisen, eines Fanatikers oder rachedurstigen Tyrannen.

Hinweis: *Die Karte zeigt dir deine Tendenz, dich selbst grausam herunterzumachen. Es ist notwendig, dieses Verhaltensmuster und seine Ursachen zu erkennen, um es dann loslassen zu können.*

Frage: *Wer hat dich früher verurteilt? Auf welche Weise verurteilst du dich jetzt selbst?*

Anregung: *Ziehe eine Karte, die dir zeigt, wie dein Leben aussieht, wenn du dich selbst annimmst, so wie du bist!*

Affirmation: *Ich werde geliebt, einfach weil ich so bin, wie ich bin.*

Zehn Schwerter – Untergang

Stichworte: *Sonne und Mond in den Zwillingen; Angst vor Wahnsinn; gebrochenes Herz; Angst vor der destruktiven Energie angestauten Ärgers; negatives Denken.*

Neun Schwerter richten ihre aggressive Übermacht von allen Seiten gegen das zehnte und zerstören es vollkommen. Dieses zehnte Schwert trägt die Symbole der Sonne und des Herzens.

Diese Karte zeigt die vernichtende Kraft fortgesetzter negativer, das Leben verneinender Gedanken. Es ist ein Bild des Wahnsinns, des verworrenen Aufruhrs seelenloser Mechanismen. Auch die letzten Reste von Lebensfreude (Sonne) und Liebe gegenüber sich selbst und der Existenz (Herz) drohen der Negativität zum Opfer zu fallen. Sie zerrüttet die nach Harmonie und Gleichgewicht strebenden Seelenkräfte.

Ein solcher Geisteszustand bedroht natürlich auch die äußeren Bereiche. So besteht die Gefahr eines finanziellen Ruins oder des Verlustes anderer bedeutsamer Lebensbedingungen.

Hinweis: *Der erste Schritt besteht darin, deine Angst vor dem Wahnsinn und dem Untergang anzuerkennen. Der zweite Schritt liegt in dem Verstehen der negativen Energie, die hinter der Angst verborgen ist. Auf der mentalen Ebene deiner Gedanken läßt sich vorhandene Negativität am leichtesten überwinden, vorausgesetzt, du willst es.*

Frage: *Was sind deine größten Befürchtungen? Wie sähe der totale Untergang in deinem Leben aus?*

Anregung: *Ziehe eine weitere Karte für die Möglichkeit, deine negativen Erwartungen loszulassen.*

Affirmation:. *Negativität hindert mich, im natürlichen Lebensfluß zu sein. Durch eine liebevolle Einstellung mir selbst gegenüber öffne ich mich dem Leben aufs neue.*

As der Scheiben

Stichworte: *Innerlich und äußerlich reich; großer Erfolg; Vereinigung von Körperlichkeit und Spiritualität, Geist und Materie, Himmel und Erde; Vollständigkeit.*

Die Symbole des As der Scheiben sind kreuzförmig angeordnet; die Vereinigung des Vertikalen mit dem Horizontalen, das Zusammentreffen von Innen und Außen.

Körper und Geist, die allzulange feindlich gegenübergestellt wurden, treffen sich in harmonischer Verbindung. Jetzt kann der Körper als lebender Tempel des Geistes behandelt werden. Je fester wir in unserem Körper gegründet und zentriert sind, desto müheloser entfalten sich die Dinge. Je tiefer unsere Wurzeln in die Erde dringen, desto höher kann sich unser Geist emporschwingen.

Die Jahresringe auf den Holzscheiben deuten auf die stetige Entwicklung hin, die diese neue Einstellung in sich trägt. Wie konzentrische Bögen werden immer wieder neue Ebenen des Seins erfaßt und miteinbezogen. Der eigene innere Wert wird nach und nach entdeckt, angenommen und nach außen getragen. Dies führt zu wahrem Selbstbewußtsein, Grundlage für wirklichen Erfolg.

»Der Mensch sollte äußerlich und innerlich ein reiches Leben führen. Es ist nicht nötig, zu wählen. Das Innere ist nicht gegen das Äußere; sie gehören zum selben Zusammenhang. Um innerlich reich zu sein, braucht ihr nicht äußerlich arm zu sein. Und wenn ihr äußerlich reich seid, braucht ihr nicht aufhören, auch innerlich reich zu sein. Seid äußerlich reich – durch die Wissenschaft, und seid reich in eurem innersten Wesen – durch die Religion. Das wird euch ganz machen, organisch, zu Individuen.« (Aus: Shree Rajneesh: Philosophia Perennis, Bd. 2)

Hinweis: *Das As der Scheiben spiegelt deine Bereitschaft zu einem innerlich und äußerlich reichen Leben. Alle Voraussetzungen sind vorhanden. Gib dich der Fülle des Lebens hin und lerne, deine Flügel zu gebrauchen.*

Frage: *Welche Bereiche deines Lebens möchtest du noch reicher gestalten?*

Anregung: *Arbeite intensiv an der Entdeckung und Entfaltung deines Potentials, deines inneren Reichtums. Bleibe offen für jede Art der Bereicherung in deinem Leben.*

Affirmation: *Reichtum ist mein natürlicher Zustand. Er ermöglicht es mir, meine Spiritualität und meine schöpferischen Fähigkeiten in dieser Welt auszudrücken.*

Zwei Scheiben – Wechsel

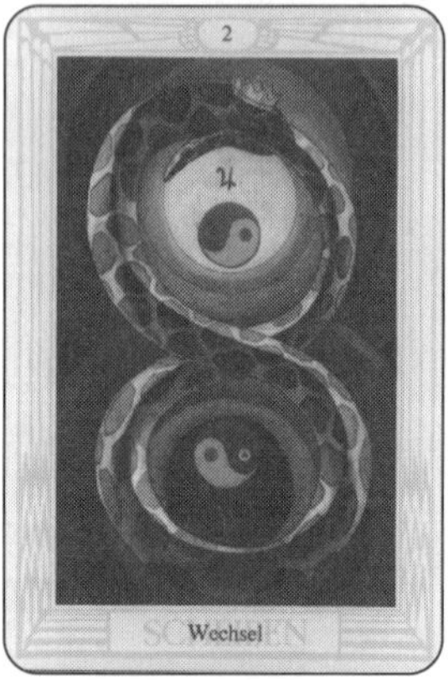

Stichworte: *Jupiter im Steinbock; Veränderung, Transformation, stetiger Fortschritt.*

Eine große Schlange, Symbol der Erneuerung, ist in Form einer 8, dem Unendlichkeitszeichen, dargestellt. Dies deutet auf fortwährende Veränderungen hin. Die Schlange umschließt zwei Scheiben, die chinesischen Yin/Yang-Zeichen, Symbole des Ausgleichs und der Harmonie, tragen. Beide drehen sich in entgegengesetzter Richtung, was auf Veränderungen im Inneren und im Äußeren hinweist. Die Dreiecke – alte alchemistische Symbole – sind mit den Farben der vier Elemente dargestellt: rot = Feuer; blau = Wasser; grau = Erde; gelb = Luft. Der Wandel erfaßt alle Bereiche des Seins.

Jupiter, der Planet des Glücks und der Erweiterung, zeigt an, daß der Wechsel glücklich verläuft und zur Bereicherung des Lebens beiträgt. Das Neue wird mehr Stabilität und Sicherheit (Steinbock) mit sich bringen.

Notwendige Wechsel weisen immer darauf hin, daß das Alte sein inneres Gleichgewicht verloren hat. Veränderungen rütteln uns wach. Die Krone auf dem Kopf der Schlange ist ein Symbol des Erwachens.

Die Farbe Violett (Farbe des Kriegers) zeigt, wie aus dem Wechsel neue Kraft hervorgeht. Das einzig Beständige ist die Unbeständigkeit. Das einzige Sichere ist die Unsicherheit.

Hinweis: *Dein Leben ist einem fortwährenden Wandel unterworfen, der dich wachsen läßt, der dich erweitert, der dich bereichert. Gib dich den Veränderungen vertrauensvoll hin!*

Frage: *Welche inneren und/oder äußeren Wechsel stehen in deinem Leben an? Woran hältst du noch fest?*

Anregung: *Meditiere über den Satz: »Das einzig Beständige ist der Wandel.«*

Affirmation: *Von Tag zu Tag geht es mir in jeder Hinsicht besser und besser.*

Drei Scheiben – Arbeit

Stichworte: *Mars im Steinbock; Arbeit, Mühe, allmählicher Fortschritt; Selbstverpflichtung, Selbstvertrauen.*

Die Karte »Arbeit« weist auf vollen Arbeitseinsatz hin – in einer Angelegenheit, der man sich innerlich verpflichtet fühlt. Man ist gerne bereit, auch mühevolle Tätigkeiten auf sich zu nehmen.

Der Einsatz des ganzen Menschen ist gefordert. Die drei Räder symbolisieren Körper, Seele und Geist. Keiner dieser Bereiche darf unbeteiligt beiseite stehen. Nur durch das vereinte Zusammenwirken können sichtbare Ergebnisse (Kristallpyramide) geschaffen werden. Die Kräfte der unterschiedlichen Ebenen vereinen sich im gemeinsamen Ziel.

Dadurch entsteht Klarheit (Kristall); der Himmel beginnt sich zu lichten. Immer wieder mag die Umwölkung die klare Vision des Zieles trüben. Doch das unerschütterliche Ja zu dem begonnenen Werk gibt jene Kraft, welche auch vorübergehende Zweifel überwindet. Dadurch ist der allmähliche Fortschritt sichergestellt.

Hinweis: *Eine Angelegenheit verlangt deine Bereitschaft zu kontinuierlicher Arbeit. Gib alles, es lohnt sich!*

Frage: *Wobei hältst du dich noch zurück? In welchem Bereich kannst du noch mehr von deiner Kraft geben?*

Anregung: *Mache dir klar und bewußt, wofür du deine vollen Kräfte einsetzen möchtest.*

Affirmation: *Ich bin jetzt bereit, alles zu geben und alles zu empfangen.*

Vier Scheiben – Macht

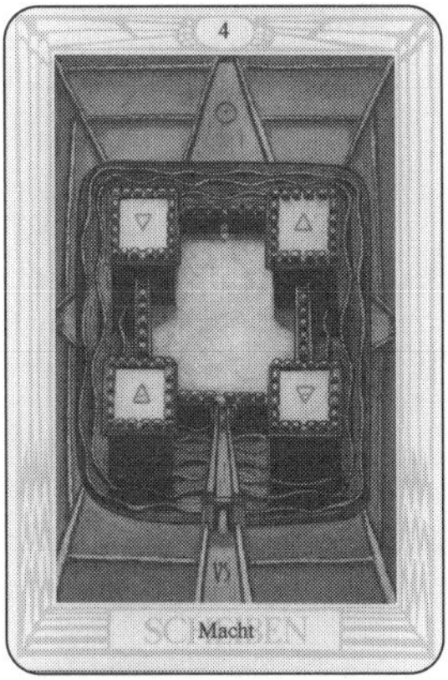

Stichworte: *Sonne im Steinbock; Manifestation, Integrität, Charakter; Gefahr von Erstarrung.*

Die vier Scheiben sind quadratisch dargestellt als die vier Ecktürme einer Festung. Sie tragen die Zeichen der vier alchemistischen Elemente. Dies weist auf Festigkeit und Stärke auf allen Ebenen des Seins hin. Die hier dargestellte Macht drückt sich in der festen, beinahe starren Form dieses Gebäudes aus. Alles ist an seinem Platz. Kein überflüssiger Zierrat schmückt die Mauern.

Der positive Aspekt dieser Unterwerfung unter eine vorgeschriebene Ordnung ist die kompakte Geschlossenheit des Systems, das sich nach außen hin in sichtbarer Umgrenzung und festen inneren Normen präsentiert. Ein Mensch mit diesen Eigenschaften hat Charakter und besitzt Profil. Man kann sich auf ihn verlassen. Er bleibt seinen Prinzipien unerschütterlich treu und handelt mit absoluter Integrität. Er gehört zu den seltenen Menschen, die ihren Idealen entsprechend leben.

Der negative Aspekt ist die Möglichkeit der Erstarrung in Gesetzestreue und Prinzipienreiterei. Die Richtlinien und Gebote verselbständigen sich, und die Einhaltung der Norm erscheint wichtiger als Menschlichkeit und Lebendigkeit. Um das eigene Profil zu wahren, werden natürliche Regungen unterdrückt. Kalte, erstarrte Höflichkeit weicht echter Wärme und Freundschaft.

Hinweis: *Die Bedeutung der Karte hängt von dem Hintergrund des Betreffenden ab, der sie zieht. Sie kann eine Mahnung zu mehr Charakterfestigkeit und Integrität beinhalten oder eine Auffor-*

derung, Prinzipien und Regeln dem Leben und den Regungen des Herzens unterzuordnen.

Frage: *Gleicht dein Leben, dein Verhalten einer starren Festung? Oder: Brauchst du für dein Leben, dein Verhalten mehr Ordnung, Struktur und Festigkeit?*

Anregung: *Befasse dich mit den unterschiedlichen Aspekten der Macht.*

Affirmation: *Ich stelle meine Macht in den Dienst der Liebe.*

Fünf Scheiben – Quälerei

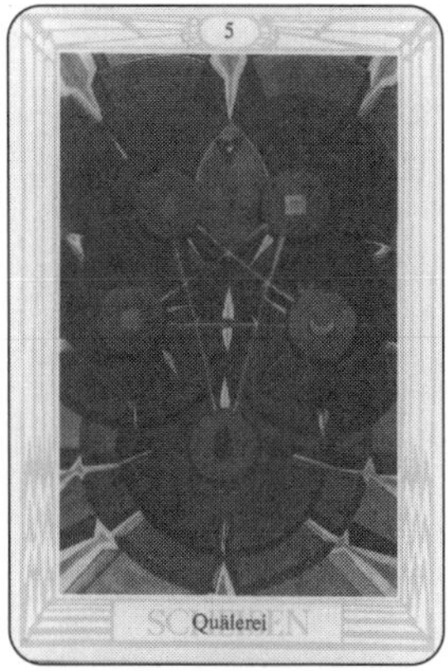

Stichworte: *Merkur im Stier; Sorgen, Grübelei Pessimismus, Existenzangst; problematische Kommunikation.*

Das Pentagramm (Fünfstern) ist aus dem Gleichgewicht geraten. Seine Spitze weist nach unten. Die Situation ist festgefahren und spannungsgeladen. Eine aufklärende Kommunikation erscheint unmöglich. So wirkt alles noch düsterer, noch auswegloser. Beziehungen drohen in die Brüche zu gehen. Alles zerrinnt unter den Händen und man scheint dazu verurteilt zu sein, dem Zerfall hilflos zuschauen zu müssen.

Die Symbole auf den fünf Scheiben können wie folgt erklärt werden:

1. Rotes Dreieck: Die eigene Kraft ist blockiert.
2. Gelbes Quadrat: Die Gedanken bemühen sich immer noch um eine Lösung, einen Ausweg, einen Durchbruch.
3. Hellblauer Mond: Die Situation berührt die Tiefen des Unterbewußtseins. »Es geht einem durch und durch.«
4. Schwarze Ellipse: Schwarzes Loch, kein Ausweg, Hoffnungslosigkeit.
5. Blauer Kreis: Die innere Weisheit mahnt, etwas zu unternehmen; problematisch an dieser Lage ist die Untätigkeit bei gleichzeitiger selbstquälerischer Verwicklung in Gedanken.

Hinweis: *Wenn du diese Karte ziehst, bist du bereit, deiner Situation, sowie sie ist, ins Auge zu sehen. Du hast die Möglichkeit, dich zu befreien, indem du die Auseinandersetzung herbeiführst, die jetzt notwendig ist (mit Partnern oder mit dir selbst). Nur klare offene Kommunikation ermöglicht einen Fortschritt.*

Frage: *In welchen Angelegenheiten/Bereichen bist du nicht klar und entschieden genug? Mit welchen Menschen hast du etwas zu klären?*

Anregung: *Ziehe noch eine Karte mit der Frage, was eine offene Aussprache/Klärung für dich verändert.*

Affirmation: *Ich bereinige jetzt mein Leben.*

Sechs Scheiben – Erfolg

Stichworte: *Mond im Stier; Manifestation des Inneren im Äußeren; Erfolg, Transformation.*

Eine Meditationskarte für Unternehmungen jedweder Art! Aus einer tiefen unterbewußten Ebene des Seins (Mond) entspringt das Verlangen nach Ausdruck im Äußeren. Das Kreuz mit der Lotosblüte versinnbildlicht den Prozeß von Transformation. Das Innere, dargestellt durch das Kreuz im Hintergrund, entfaltet sich und wird im Äußeren sichtbar.

In harmonischer Anordnung umkreisen die sechs alten Planeten den inneren Vorgang und verheißen Glück und Erfolg. Jeder von ihnen gibt als Ratgeber wichtige Hinweise, deren Berücksichtigung den guten Ausgang einer Unternehmung sicherstellen soll:

Saturn: Erfolg stellt sich ein, wenn man sorgfältig und beharrlich Schritt für Schritt vorgeht. Alles sollte genau geprüft werden. Vor allem der Anfang und das Ende einer Unternehmung muß bis in die Einzelheiten hinein geplant und überdacht werden.

Jupiter: Schritt für Schritt durch alle Phasen des Prozesses zu gehen, ist viel zu langweilig und mühselig. Man soll auch zu Risiken bereit sein, offen für wunderbare Überraschungen und plötzliche Veränderungen oder Erweiterungen. Das erfordert Flexibilität und Offenheit für neue unerwartete Ereignisse.

Venus: Erfolg bezieht immer auch die ästhetischen Aspekte sowie die sinnlichen Kräfte mit ein. Nur wer sich auf die tiefen Dimensionen der Gefühle einläßt, wird die Schönheit des Glücks genießen können.

Mond: Erfolg muß aus den inneren emotionalen Tiefen erwachsen und etwas aus diesem Urgrund offenbaren.

Merkur. Erfolg erfordert wirkungsvolle Kommunikation. Ideen müssen so dargestellt werden, daß sie andere Menschen erfassen und berühren.

Mars: Erfolg wird durch Tatkraft, Vitalität, zielgerichtete Energie und Durchsetzungsfähigkeit geschaffen. Schwierigkeiten müssen siegreich durchgefochten werden.

Hinweis: *Sei offen für deinen Erfolg. Erfolg ist das, was erfolgt aufgrund unseres Denkens und Handelns. Andererseits ist er aber auch ein Geschenk des Lebens, und du kannst lernen, es dankbar und bescheiden in Empfang zu nehmen. Wirklicher Erfolg stellt sich vor allem dann ein, wenn du gelernt hast, zu dienen. Ein solcher Erfolg bereichert dich auf allen Ebenen deines Seins.*

Frage: *Was bedeutet jetzt für dich »Erfolg«?*

Anregung: *Schaffe in deiner Vorstellung ein möglichst genaues Bild von dem, was Erfolg jetzt für dich ausmacht.*

Affirmation: *Meine Selbstannahme und mein Selbstvertrauen sind die Schlüssel zu wirklichem Erfolg.*

Sieben Scheiben – Fehlschlag

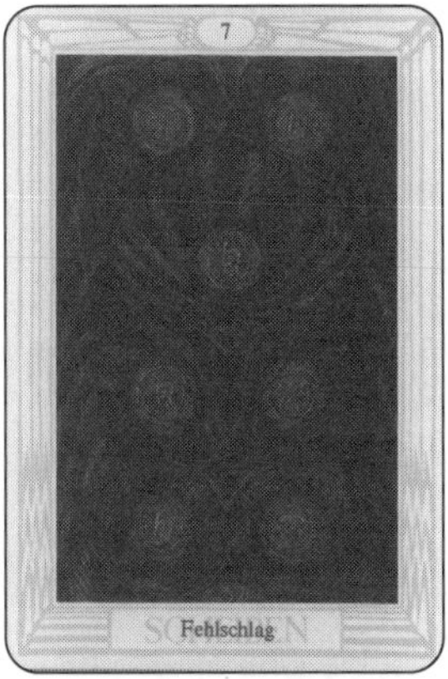

Stichworte: *Saturn im Stier; Hemmung, Resignation, Zaudern; unüberwindlich erscheinende Hindernisse; Angst vor Fehlschlag.*

Die Erwartung eines Fehlschlags betrifft vor allem Geschäfte, finanzielle Angelegenheiten, Bereiche von Körper und Gesundheit oder ganz allgemein Existenzangst. Man sieht sich vor unüberwindbar erscheinende Hindernisse gestellt und glaubt, diese Hürde nicht im ersten Anlauf überspringen zu können. Böse Ahnungen türmen sich bedrohlich auf (sieben bleierne Scheiben des Saturn); man ist geneigt, sich resigniert zurückzuziehen und sein Handeln auf den engen, aber vertrauten Rahmen zu beschränken.

Der blauschwarze Hintergrund weist jedoch darauf hin, daß Ängste und Befürchtungen der emotionalen Ebene angehören und nicht notwendig der materiellen Wirklichkeit entsprechen. Zwischen beiden besteht jedoch ein bedeutungsvoller Zusammenhang. Negative Erwartungen und aufgeladene Emotionen sind machtvolle Energien, die, wenn sie lange genug bewußt oder unbewußt genährt werden, tatsächlich die befürchteten Ereignisse herbeiführen können. (Das gleiche gilt selbstverständlich auch für positive Gedanken und Gefühle).

Diese Karte ist ein ernstzunehmender Hinweis auf vorhandene – bewußte oder unbewußte – Ängste. Diese können jetzt erkannt, deutlich gefühlt und angenommen werden. Das ist die Voraussetzung, sie loszulassen und durch positive Leitbilder zu ersetzen. Gedanken und Gefühle, die das Leben in seiner Schönheit und Fülle bejahen – in Verbindung mit entsprechendem Verhalten –, schaffen jene machtvollen Energien, die erwartetes Unglück in freudige Ereignisse verwandeln können.

Hinweis: *Dein Handeln ist durch schwerwiegende ängstliche Erwartungen blockiert, deren Inhalt und Qualität du jetzt untersuchen solltest.*

Frage: *Welche Bereiche deines Lebens machen dir am meisten Sorgen?*

Anregung: *Schreibe eine ausführliche Liste deiner schlimmsten Erwartungen. Nimm ein neues Blatt Papier und verwandle jede Befürchtung in ihr positives Gegenteil. Arbeite wiederholt mit diesen Listen, verändere sie, wenn nötig, und entscheide dich bewußt. Suche gegebenenfalls einen Menschen auf, der dich dabei unterstützt. Ziehe eine weitere Karte mit dem Bewußtsein, daß du deine Ängste annehmen und loslassen kannst.*

Affirmation: *Ich habe den Mut zu glauben: alles in meinem Leben dient zu meinem Besten.*

Acht Scheiben – Umsicht

Stichworte: *Sonne in Jungfrau; erblühender innerer und äußerer Reichtum; Weisheit, Entfaltung, Sorgfältigkeit, Umsicht, Geschehenlassen.*

Der Baum entfaltet seine Blütenpracht – Zeit des Erblühens von innerem und äußerem Reichtum. Auf allen vier Ebenen des Seins werden lang verborgen gebliebene Fähigkeiten und Möglichkeiten sichtbar.

Die Zahl acht steht für Harmonie, Ausgleich, Balance (vgl. VIII Ausgleichung). Die gleichmäßige Entfaltung aller wesentlichen Seinsbereiche bringt tiefes seelisches Gleichgewicht mit sich. Dieses wiederum wirkt zurück auf materielle und zwischenmenschliche Belange.

Gerade in Zeiten vielfältigen Erblühens sollten alle Extreme und Ausschweifungen vermieden werden. Dieser Vorgang geht im Stillen vor sich und ist ein Geschenk, mit dem wir in liebevoller Sorgfalt umgehen sollten. Jede Blüte des Baumes ist von einem großen Blatt umgeben, Ausdruck für Schutz und Umsicht. Um die innere Balance zu bewahren, sollte jetzt in besonderem Maße auch im Äußeren auf Klarheit, Ordnung, Harmonien und Schönheit geachtet werden.

Die Acht der Scheiben lädt uns dazu ein, Sorgen, Ängste und Zweifel ruhen zu lassen und uns selbst sowie alle unsere Lebensbereiche für die Liebe des Ganzen zu öffnen. Weder Anstrengungen noch heroische Aktionen werden jetzt von uns verlangt, sondern vielmehr Loslassen, Zulassen und Überlassen. Wir dürfen für eine Weile beiseite treten, uns ausruhen und dem Leben erlauben, eine göttliche Lösung für unsere Probleme zu finden.

Hinweis: *Das, was in dir zur Entfaltung strebt, ist von exquisiter Schönheit und Zartheit. Gewähre ihm den Schutz und die Nahrung, die es jetzt braucht. Du brauchst nichts zu forcieren! Alles entfaltet sich zur richtigen Zeit.*

Frage: *Gibst du dir den Schutz und die Nahrung, die du für deine Entwicklung brauchst?*

Anregung: *Meditiere über den bekannten Zen-Spruch: »Still sitzen, nichts tun –, der Frühling kommt –, das Gras wächst.« (Sitting silently, doing nothing, spring comes and the grass grows by itself).*

Affirmation: *Ich entspanne mich und vertraue dem Leben.*

Neun Scheiben – Gewinn

Stichworte: *Venus in der Jungfrau; Zuwachs, Gewinn; Verbindung von Liebe, Weisheit und Kreativität; je mehr ich gebe, desto mehr bekomme ich.*

Die drei Scheiben im Zentrum symbolisieren die Vereinigung von Liebe (rosa), Weisheit (blau) und Kreativität (grün). Die zentrale verbindende Kraft ist die Liebe, deren Farbe durch die anderen hindurchscheint.

In dieser Dreisamkeit hat Frieda Harris, die künstlerische Gestalterin dieses Tarots, die Dreierbeziehung zwischen Aleister Crowley, seinem Freund Israel Regardie und ihr selbst dargestellt. Die sechs Planetensymbole tragen ihre drei Gesichter. Crowley erscheint auf Saturn und Jupiter. Er lernte zeit seines Lebens von dem Karma-Planeten Saturn. Das veranlaßte ihn immer wieder, seine Vorhaben schrittweise und gründlich auszuführen. Regardies Spitzname für Crowley war »Der König«. Deshalb erscheint er auf Jupiter mit der Krone. Regardie wird in Mars und Merkur dargestellt. Dies deutet auf seinen Ehrgeiz und sein feurig-dynamisches Auftreten, das ihm, verbunden mit seinem Kommunikationstalent, die Fähigkeiten eines geschickten Managers verlieh. Harris ordnete sich selbst Mond und Venus zu. Venus drückt ihre Hingabe an ihre künstlerische Tätigkeit aus sowie ihre tiefe Liebe zu Crowley. Diese Liebe berührt sie bis in die tiefsten Tiefen ihres Seins (Mond).

Trotz der großen Spannungen, denen diese Dreierbeziehung ausgesetzt war, verwirklichten die Beteiligten in ihr gemeinsame Ideale, und für alle drei bedeutete sie einen großen Gewinn.

Die höchste Aufgabe des Lebens besteht darin, sich selbst zu verwirklichen. Dies geschieht im Einsatz für die besondere Aufgabe, die jeder Mensch in seinem Leben zu erfüllen hat. Ein Zurückweichen aus Angst oder Bequemlichkeit bedeutet Selbstverleugnung. Aus dem bereitwilligen liebevollen Geben erwächst Gewinn.

Hier erfüllt sich das kosmische Gesetz des Reichtums: Je mehr ich gebe, desto mehr bekomme ich.

Hinweis: *Wenn dein Wissen und deine Kreativität von Liebe durchdrungen sind, wirst du aus allen Lebenssituationen Gewinn ziehen. Je tiefer du dich einläßt, desto umfassender sind die Einsichten, durch die du wächst.*

Frage: *Kennst du das höchste Ziel in deinem Leben?*

Anregung: *Prüfe, ob das, was du als »Gewinn« wertest, im Einklang steht mit deiner eigentlichen Bestimmung.*

Affirmation: *Alle Ereignisse meines Lebens dienen meinem Wachstum. Je mehr ich gebe, desto mehr bekomme ich.*

Zehn Scheiben – Reichtum

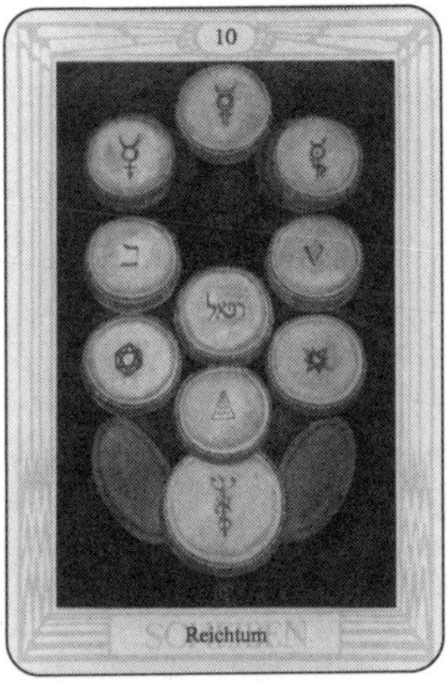

Stichworte: *Merkur in der Jungfrau; Innerer und äußerer Reichtum; Fähigkeit, den inneren Reichtum weiterzugeben und äußerlich sichtbar werden zu lassen.*

Die Karte zeigt zehn gelb-grüne Münzen, jede mit einem Symbol merkurischen Charakters versehen. Der geschäftige Merkur ist in Verbindung mit dem Erdzeichen der Jungfrau in ausgezeichneter Weise in der Lage, seine glänzenden Fähigkeiten der Kommunikation sichtbar umzusetzen. Der Ursprung jeder Manifestation des Reichtums liegt im menschlichen Bewußtsein. Wird dieser unbegrenzte innere Schatz nach außen in die Welt getragen, spiegelt ihn die Materie wider.

Die zehn Münzen sind in Form des Lebensbaumes angeordnet. Das weist darauf hin, daß echter Reichtum sich in allen Lebensbereichen ausdrückt. Merkur in der Jungfrau vertritt einen Überfluß in geistigen, ästhetischen und körperlichen Bereichen. Dieser Reichtum muß weitergegeben (kommuniziert) werden, wenn er wertvoll bleiben soll. Jedes geizige Festhalten entspringt einer bewußten oder unbewußten Angst vor Mangel und ist Ausdruck von bitterem Armutsbewußtsein. Selbst die größten Schätze verlieren ihren Wert, wenn sie nicht in den Dienst der Liebe gestellt werden. Dies ist durch die andersfarbigen Münzen im Hintergrund dargestellt.

Wenn wir die Fülle unseres inneren Reichtums ängstlich, schamhaft oder auch aus Trägheit zurückhalten, verdirbt er und vergiftet uns. Unser kreatives Potential wird dann zu einer negativen, u.U. destruktiven Energie, anstatt ein Geschenk für Menschen und Erde zu sein.

Hinweis: *Jeden Menschen in deinem Leben hast du selbst angezogen und jedes Ereignis hast du dir geschaffen. Du bist der Schöpfer deiner Realität. Stelle deine Kreativität in den Dienst der Liebe!*

Frage: *Weißt du um deinen inneren Reichtum? Gibst du ihn großzügig weiter?*

Anregung: *Nimm ein Blatt Papier und schreibe all die Eigenschaften auf, die deinen inneren Reichtum ausmachen. Prüfe, auf welche Weise du dich anderen Menschen mitteilen möchtest.*

Affirmation: *Ich bin innerlich und äußerlich reich und frei und genieße alles voller Dankbarkeit und Hingabe.*

6. Legesysteme und Spiele

A. Die Qualität des Augenblicks

Um die Bedeutung des Tarot als Ratgeber in besonderen Lebenssituationen noch besser zu verstehen, sollten wir einen weiteren, wenig bekannten Begriff betrachten: die Qualität der Zeit.

Unter Zeit verstehen wir in der Regel ein quantitatives Maß. Wie lange ist es her, wieviel Zeit bleibt mir noch, wann geht's los? Doch Zeit besitzt nicht nur Quantität, sondern auch eine bestimmte Qualität.

Unter Zeitqualität kann sich heute kaum jemand etwas vorstellen. In früheren Zeiten jedoch war es genau umgekehrt. Man beschäftigte sich sehr intensiv mit der Zeitqualität und vernachlässigte die Zeitquantität. Die Qualität des Augenblicks, auch aus der Astrologie bekannt, hat nichts mit Zeitdauer zu tun. Sie besagt, daß jeder Moment oder Zeitabschnitt eine bestimmte Qualität besitzt, die entsprechende Ereignisse hervorruft oder begünstigt.

Die Legesysteme des Tarot sind in besonderer Weise geeignet, den gegenwärtigen Moment zu befragen und unter bestimmten Blickwinkeln auszuleuchten. Die Gegenwart ist der Kraftpunkt, der Vergangenheit und Zukunft verbindet. Nur im gegenwärtigen Augenblick ist es möglich, unbewältigte Vergangenheit abzuschließen und neue Weichen für die Zukunft zu stellen.

Ein weiteres Gesetz, um das man in früheren Zeiten wußte, das jedoch weitgehend in Vergessenheit geraten ist, besagt: »Jeder Anfang trägt das Ende in sich.« So wie in einem Samenkorn schon die ganze Pflanze angelegt ist, so trägt der Augenblick des Beginns einer Sache den ganzen Verlauf und das Ende bereits in sich. So legte man in früheren Zeiten großen Wert darauf, ein bestimmtes Unternehmen »zur rechten Stunde« zu beginnen.

Die im folgenden beschriebenen Legeweisen 2 (Siebener-Parabel) und 3 (Keltisches Kreuz) eignen sich besonders, um die Zeitqualität in bezug auf persönliche Unternehmungen zu befragen.

Darüber hinaus geben sie generelle Handlungsanweisungen sowie Auskunft über besondere Stärken und Schwächen, die es zu berücksichtigen gilt. Die Tarotbilder legen uns niemals fest, sondern spiegeln unsere Realität zu einem bestimmten Zeitpunkt.

Es liegt dann an uns, wie ehrlich und authentisch wir die Aussagen der Bilder auf unsere persönliche Bezugsebene übertragen.

B. Ein Wort zum Kartenmischen

Das Mischen der Karten ist eine Art ritueller Vorbereitung, die unserem Unterbewußtsein Zeit gibt, sich auf die besondere Situation und die innere Fragestellung tiefer einzuschwingen.

Besonders als Vorbereitung für ein Legesystem sollte man sich ruhig einige Augenblicke Zeit nehmen zur Kontaktaufnahme mit dem eigenen Inneren und den Karten.

Hier eine Mischanleitung zu allen Legesystemen und Spielen:

Halte die Karten in deinen Händen und schließe deine Augen für eine Weile. Nimm einige tiefe Atemzüge und entspanne dich mit jedem Ausatmen. Für einen Augenblick laß alles los, was dich gerade eben noch beschäftigt und bewegt hat.

Dann richte deine Aufmerksamkeit wieder auf die Frage bzw. auf deine besondere Situation, die du jetzt mit Hilfe der Karten klären möchtest. Öffne wieder die Augen und mische die Tarotkarten. Benütze auch diese Tätigkeit, um noch tiefer zu entspannen und den Kontakt zum eigenen Innern aufrechtzuerhalten.

Grundsätzlich mischt immer der Fragende selbst. Der Mischvorgang gibt ihm Zeit und die Möglichkeit, sich auf die Situation und die Fragestellung einzuschwingen. Es besteht jedoch die Möglichkeit, die Karten für eine andere Person zu legen. In diesem Falle mische ich sie selbst und lege sie für den Fragenden aus.

In der Regel halte ich es für besser, mich darauf zu beschränken, den Fragenden zum eigenen Umgang mit den Karten anzuleiten.

Die im folgenden beschriebenen Legesysteme und Spiele stellen eine erste Anleitung zur Praxis dar.

Ich wünsche viel Freude und Erkenntnis!

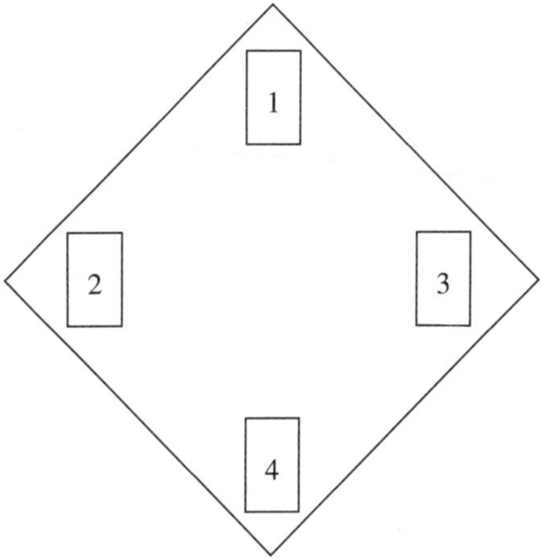

LEGEWEISE 1:
Nähere Klärung einer Frage oder eines emotionalen Zustandes

Mische die Karten und lege sie in zwei Stapeln vor dich hin. Der linke Stapel steht für die passive, empfängliche Seite, der rechte für die aktive, nach außen gerichtete (so wie beim menschlichen Körper).

Den linken Stapel nochmals mischen. Die oberste Karte in Position 2 (siehe Abb.), die unterste in Position 3 legen (immer zunächst unaufgedeckt hinlegen!). Dann den rechten Stapel nochmals mischen. Die oberste Karte in Position 1, die unterste in Position 4 legen.

Beginne nun der Reihenfolge nach (von 1 bis 4) mit dem Aufdecken.

Die Karte auf *Position 1* zeigt das eigentliche Thema, mit dem ich mich tatsächlich innerlich beschäftige. Worum geht es in Wirklichkeit? Was ist die grundlegende Frage?

Die Karte auf *Position 2* zeigt, wofür ich empfänglich und offen bin. Welche Energien, Menschen oder Ereignisse ziehe ich an?

Die Karte auf *Position 3* weist darauf hin, was ich von mir zeige und nach außen gebe. Wie wirke ich auf andere? Wie beeinflusse ich meine Umgebung?

Die Karte auf *Position 4* zeigt die Antwort, den Schlüssel. Sie weist auf Wege hin, das Problem zu bewältigen, oder deutet auf einen möglichen Ausgang. (Negativ-Karten in Position 4 zeigen die Möglichkeit der Beendigung eines negativen Zustandes / einer negativen Haltung).

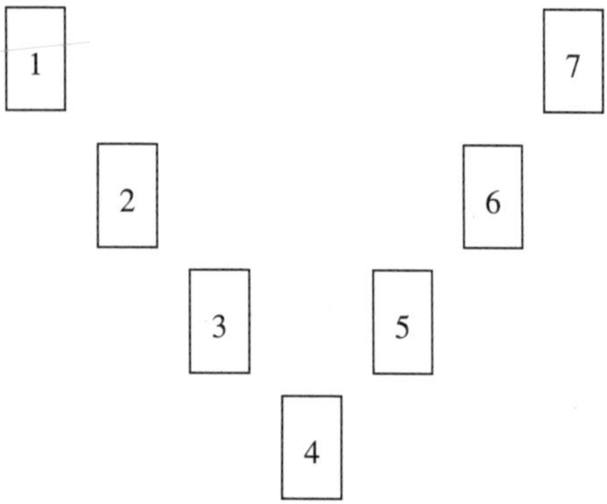

LEGEWEISE 2: Siebener Parabel

Die Siebener-Parabel wählt man vorrangig in bezug auf Unternehmungen jeder Art. »Was ist zu tun?« ist die zentrale Frage bei dieser Legeweise.

- Karten mischen und verdeckt im Fächer auslegen;
- Sieben Karten ziehen und verdeckt lassen;
- Diese sieben Karten nochmals mischen und in obenstehender Anordnung auflegen;
- Karten nacheinander aufdecken;

Die Karten auf den sieben Positionen zeigen:
1: Vergangenheit, oder das, was im Begriff ist, zu Ende zu gehen;
2: Gegenwart;
3: Zukunft, oder das, was gerade beginnt;
4: Was ist zu tun?
5: Hilfreiche oder störende Energie von außen;
6: Größte Hoffnungen oder Befürchtungen;
7: Ergebnis, Ausgang, Schlüssel.

Anmerkung: Die Karten können selbstverständlich auch direkt aus dem ausgebreiteten Fächer für ihre jeweilige Bedeutung gezogen und ausgelegt werden.

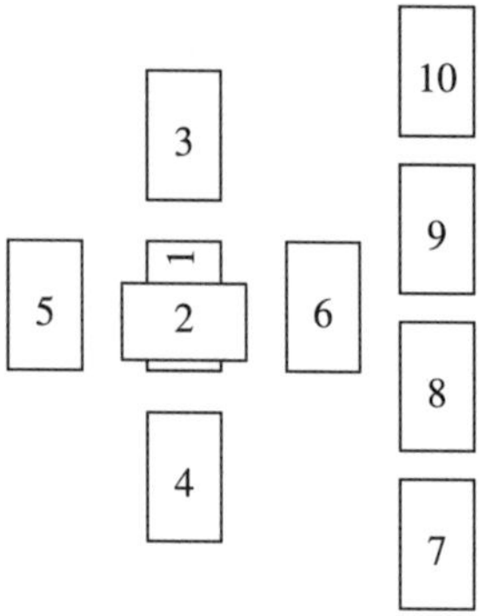

LEGEWEISE 3a: Keltisches Kreuz

Das Keltische Kreuz ist mit zehn Karten das ausführlichste Legesystem. Es ermöglicht einen sehr differenzierten Einblick in die »Qualität des Augenblicks«. Diese Legeweise eignet sich daher besonders bei Anlässen, die eine Art Wendepunkt im Leben darstellen, wie z.B. Geburtstage, Jahreswechsel, Berufs- oder Wohnungswechsel, Ende oder Beginn einer Beziehung, eines Projektes, einer Reise etc.

- Karten mischen und auf drei Stapel verteilt verdeckt hinlegen;
- Vorgang zwei weitere Male wiederholen;
- Karten von oben her in der vorgeschlagenen Weise auslegen:

Mit der linken Hand einen der drei Stapel auswählen und nochmals mischen. Mit dem gewählten Stapel das Kreuz wie auf der Abb. legen: Oberste Karte auf Position 1, nächste Karte auf Position 2 usw. bis 10. Dann der Reihenfolge nach aufdecken. Die Karten auf den zehn Positionen zeigen:

1: Grundkarte; meine Grundsituation, Ausgangslage;
2: Hemmende oder fördernde Einflüsse, die Grundsituation kreuzen;
3: Meine bewußten Gedanken zur Frage/Situation;

4: Meine unbewußten Gedanken zur Frage/Situation;
5: Vergangene Einflüsse, oder das, was gerade vorübergeht;
6: Zukünftige Einflüsse, oder das, was gerade beginnt;
7: Mein Selbst; was ich selbst zur Situation beitrage;
8: Energie, mit der mir die Außenwelt begegnet;
9: Meine Hoffnungen und Befürchtungen;
10: Ergebnis, Schlüssel; Thema, das mich noch eine Zeitlang beschäftigen wird.

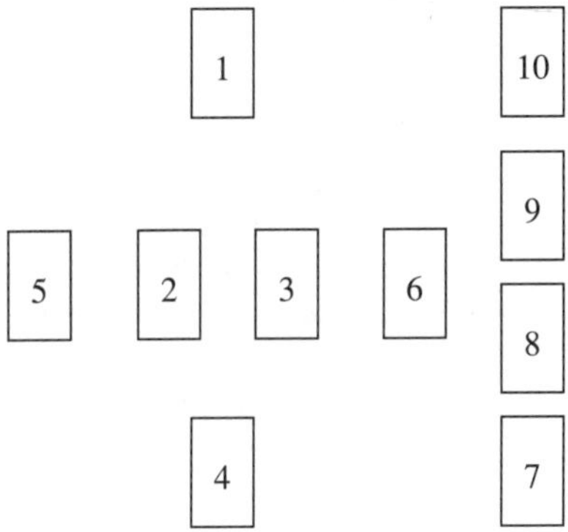

LEGEWEISE 3b:

Die Legeweise 3 b eignet sich besonders für körperorientierte Menschen. Sie ist eine Variation des klassischen Keltischen Kreuzes.

- Mischvorgang wie Nr. 3 a
- Karten von oben her in der vorgeschlagenen Weise auslegen:

1: Kopf (was ich denke)
2: rechte (aktive) Herzseite (was ich ersehne)
3: linke (passive) Herzseite (wofür ich wirklich bereit bin)
4: Bauch (was ich brauche)
5: Vergangenheit

6: Zukunft
7: Energie, mit der ich auf die Welt zugehe;
8: Energie, mit der mir die Außenwelt begegnet;
9: Hoffnungen und Befürchtungen;
10: Ergebnis, Schlüssel; Thema, das mich noch eine Zeitlang beschäftigen wird.

LEGEWEISE 4: »Chakren lesen«

Chakren sind die Kraft- und Energiezentren, mit denen wir die Schwingungen unserer Lebensenergie oder Lebenskraft aus dem Kosmos aufnehmen. Gleichzeitig sind wir über unsere Chakren auf feinstofflicher Ebene mit unserer Umgebung und anderen Menschen in ständiger Verbindung. Die Chakren sind gleichermaßen Sender und Empfangsorgane, mit denen ein intensiver Austausch auf unterschiedlichen existentiellen Bereichen stattfindet. (Wer mehr über Chakren erfahren möchte, empfehle ich das Buch von Marie-Luise Stangel, Die Welt der Chakren, ECON Taschenbuch Verlag, Düsseldorf 1984.)

»Chakren lesen« mit Hilfe der Tarotkarten gibt Aufschluß über die Funktion der sieben Hauptchakren. Wo liegen die besonderen Stärken, wo gibt es Störungen? Wie drückt sich dies im entsprechenden Lebensbereich aus?

Im folgenden gebe ich die wichtigsten Informationen über die sieben Hauptchakren in Stichworten:

1: **Wurzelchakra:** Kontakt zur Erde, zur Materie;
Bereiche: Körper, Gesundheit, Geld, Besitz, Formen, Farben etc.;
Funktion: Überleben, materielle Lebensgrundlagen; Sicherheit, Verwurzelung;
Ort im Körper: bei Frauen am Damm; bei Männern am Steißbein;

2: **Sexchakra:** Zentrum der Grundenergie;
Bereiche: Sexualität, Erotik, Trieb, Instinkt, Anziehung, Verlangen, Emotionalität;
Funktion: Arterhaltung, Wahrnehmung von Gefühlen anderer Menschen;
Ort im Körper: eine Handbreit unter dem Nabel;

3: **Solarplexus:** Sonnengeflecht;
Bereiche: Macht, Durchsetzungsvermögen; persönliche Kraft;
Funktion: Selbstbehauptung, Selbstdarstellung;
Ort im Körper: Fläche zwischen Nabel und Zwerchfell;

4: **Herzchakra:**
Bereiche: Liebe, Hingabe, Vertrauen, Sehnen nach Vereinigung; Frieden, Geborgenheit;
Funktion: Verbindung durch Liebe; emotionaler Austausch;
Ort im Körper: Mitte der Brust auf Herzhöhe;

5: **Kehlchakra:** Bereiche und Funktion: Kommunikation, Kreativität, Selbstausdruck. Wahrnehmen der inneren Stimme;
Ort im Körper: Kehle unter dem Kehlkopf;

6: **Drittes Auge:** Bereiche und Funktion: Visualisierung, Intuition, außersinnliche Wahrnehmung, Telepathie, Hellsehen, spirituelles Erwachen;
Ort im Körper: Stirnmitte;

7: **Kronenchakra:** Bereiche und Funktion: Vereinigung mit dem Kosmos, Verbindung zur kosmischen Energie, All-Eins-Sein, kosmisches Bewußtsein, Manifestation des Göttlichen;
Ort im Körper: Krone des Kopfes.

Vorgang des Chakrenlesens:

- Karten mischen und verdeckt im Fächer ausbreiten.
- Für jedes Chakra je eine Karte ziehen und von unten nach oben auslegen. (Beim Ziehen der Karten für ein Chakra sollte man sich auf die entsprechende Stelle im Körper konzentrieren.)
- Karten nacheinander aufdecken und deren Aussage in bezug auf das jeweilige Chakra untersuchen.

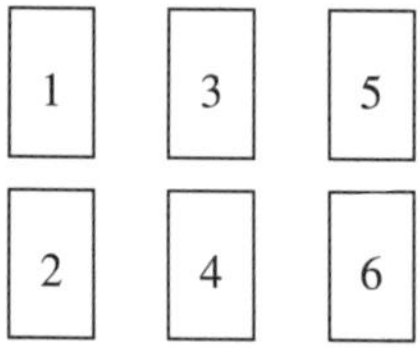

LEGEWEISE 5a: Beziehungstarot

Beim Beziehungstarot geht es um die Klärung einer Beziehung zwischen zwei Menschen, wenn man mehr über die unbewußten Ebenen bzw. die besonderen Qualitäten der Verbindung erfahren möchte. Man kann dieses Spiel zusammen mit seinem Partner in unterschiedlichen Situationen spielen. Es eignet sich auch zum Austragen von Streitigkeiten, vorausgesetzt, beide sind bereit, die umstrittenen Punkte aus dieser Perspektive zu betrachten.

Vorteilhaft ist die Anwesenheit einer dritten Person, die mit dem Tarot vertraut ist.

- Karten mischen und im Fächer ausbreiten;
- Die Partner ziehen abwechselnd Karten; diese werden verdeckt in der vorgeschlagenen Anordnung hingelegt:

1: Partner A zieht eine Karte, die Partner B darstellt;
2: Partner B zieht eine Karte, die Partner A darstellt;
3: Partner A zieht eine Karte, die ihn selbst darstellt;

4: Partner B zieht eine Karte, die ihn selbst darstellt;
5: Partner A zieht eine Karte, die seine Beziehung zu Partner B zeigt;
6: Partner B zieht eine Karte, die seine Beziehung zu Partner A zeigt;
– Karten nacheinander aufdecken, auf erste Reaktionen achten und über die Karte zu dem Partner sprechen:
  z. B.: »Ich sage dir mit dieser Karte…«
  »Ich bekomme von dir…«
  »Ich gebe dir in diesem Augenblick…«

LEGEWEISE 5b: »Ich liebe dich, ich hasse dich«

Noch lebendiger und unmittelbarer geht es bei dem Spiel »Ich liebe dich, ich hasse dich« zu. Partner A setzt sich vor Partner B (die Tarotkarten wurden vorher gemischt und zwischen ihnen ausgebreitet). Beide Partner sehen sich in die Augen. Partner A beginnt, persönliche Aussagen über seine Gefühle zu Partner B auszusprechen.

Beispiel A zu B:
»Ich liebe dich«.
»Ich möchte mit dir zusammenleben.«
»Ich will, daß du ganz für mich da bist.«
etc.

Zu jeder persönlichen Aussage zieht Partner A eine Tarotkarte und legt sie der Reihenfolge nach unaufgedeckt vor sich hin.

Dann Wechsel zu Partner B.

Beispiel B zu A:
»Ich hasse dich.«
»Du raubst mir meine Freiheit.«
»Ich habe Angst, dich zu verletzen.«
etc.

Auch Partner B zieht für jede Aussage eine Tarotkarte.

Nachdem beide Partner sich alles Wesentliche gesagt haben, können sie sich der Antwort der gezogenen Karte zuwenden. Bestätigt die gezogene Karte die betreffende Mitteilung oder weist sie auf etwas ganz anderes hin? Sieht z.B. die Karte für »Ich liebe dich« wirklich nach Liebe aus oder die Karte für »Ich hasse dich« nach Haß? Welche Aussagen bekamen starke, welche nur schwache Karten?

Je konkreter und ehrlicher die Aussagen formuliert sind, desto leichter wird die Umsetzung und die Annäherung an die tiefere Wahrheit hinter den ausgesprochenen Mitteilungen.

LEGEWEISE 5c: Tarot-Encounter (für kleine Gruppen)

Die unter 5a und 5b beschriebenen Spiele lassen sich selbstverständlich auch in kleinen Gruppen durchführen.

Beispiel 1: Die Gruppe sitzt im Kreis um einen Tisch oder am Boden. Die Karten liegen ausgebreitet in der Mitte. Nacheinander zieht jeder für jeden (auch für sich selbst) eine Karte. Wenn alle gezogen haben, die Karten aufdecken und dem betreffenden Partner spontan mitteilen, was die Karte über die Beziehung aussagt. Bei problematischen Karten Zusatzfragen ans Tarot stellen.

Beispiel 2: Die Gruppenmitglieder, die ihre Beziehung klären wollen, setzen sich gegenüber – die Tarotkarten zwischen ihnen – und verfahren wie bei Legeweise 5b. Der Rest der Gruppe gibt den beiden Aufmerksamkeit und unterstützt sie bei der Klärung ihrer Beziehung. Dies kann beliebig lange fortgesetzt werden, bis jeder jedem etwas von sich mitgeteilt hat. Nach jedem Durchgang sollten die gezogenen Karten wieder eingemischt werden.

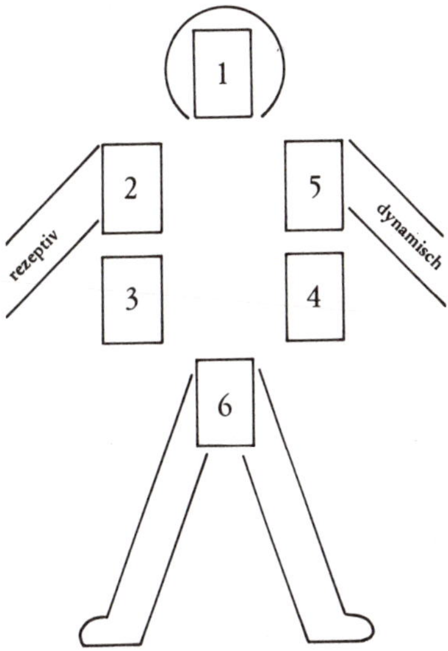

LEGEWEISE 6: Inneres Gleichgewicht

- Karten mischen und in zwei Stapel teilen; fühlen, welcher von beiden der »aktive« und welcher der »passive« ist;
- Den »passiven« Stapel erneut mischen, indem man sich auf die passiven, empfänglichen inneren Seiten konzentriert; oberste Karte in Position 2, unterste Karte in Position 3 legen;
- Den »aktiven« Stapel mischen, indem man sich auf die aktiven, dynamischen inneren Seiten konzentriert; oberste Karte in Position 5, unterste Karte in Position 4 legen;
- Beide Stapel zusammenlegen und mischen; Karten im großen Fächer ausbreiten; eine Karte für den Kopf ziehen (Position 1), eine zweite für die Beine (Position 6);
- Karten nacheinander aufdecken;

1: Kopf – Kommunikation;
Positivkarten: Wie ich mich der Außenwelt mitteile;
Negativkarten: Wie ich Kommunikation verhindere;
2: Selbstwert; wie ich mich selbst annehme;
3: Durch welche Lernprozesse ich innerlich gehe;
4: Wie mein Wesen nach außen in Erscheinung tritt;
5: Mein Handeln, mein Verhalten, meine Aktivitäten;
6: Beziehungen; Positivkarten: Wie ich harmonische, erfüllende, befriedigende Beziehungen aufrechterhalte;
Negativkarten: Warum meine Beziehungen disharmonisch und unbefriedigend sind.

PERSÖNLICHKEITSKARTE (Personality Card), WESENSKARTE (Soul Card) und WACHSTUMSKARTE (Growth Card)

Das Errechnen von Persönlichkeits-, Wesens- und Jahreswachstumskarte ergibt sich aus einem Zusammenspiel von Horoskopie und Numerologie. Zahlen sind Träger bestimmter Schwingungen und Symbole. Auf Grund des Geburtsdatums kann man jene Karten aus den Großen Arkanen errechnen, die jedem Menschen als übergeordnetes Thema für sein Leben mitgegeben wurden.

Die *Persönlichkeitskarte* zeigt die Qualitäten, die wir in unserer *Persönlichkeit* zu entwickeln haben. Gemeint sind jene Eigenschaften, mit denen wir in der Welt in Erscheinung treten und auf diese einwirken. Diese Karte zeigt, wie wir uns darstellen, welche Aufgaben wir zu erfüllen haben und welchen Herausforderungen wir uns stellen müssen.

Die Persönlichkeitskarte wird wie folgt errechnet:

– Addiere Tag, Monat und Jahr deiner Geburt: z. B . 24 + 2 + 1956 = 1982

– Bilde nun die Quersumme: z.B. 1 + 9 + 8 + 2 = 20 (Persönlichkeitskarte)

– Vergleiche diese Zahl mit den Großen Arkanen (Nr. 20 ist hier »Das Aeon« als Persönlichkeitskarte)

Die *Wesenskarte* zeigt die Qualitäten, die es im Inneren zu entwickeln gilt. Es sind dies die verborgenen Kräfte, aus denen wir bei uns selbst schöpfen können – unser Weg und Zugang zum Selbst, zum eigenen innersten Wesen.

Die Wesenskarte ergibt sich aus der Quersumme der Zahlen der Persönlichkeitskarte:

– Im obigen Beispiel würde dies bedeuten: 2 + 0 = 2 (Wesenskarte)

– Vergleiche wieder bei den Großen Arkanen (Nr. 2 ist hier »Die Hohepriesterin« als Wesenskarte)

Anmerkung: Ist die erste Zahl höher als 22, so rechne die Zahlen zusammen (Quersumme). In diesem Fall sind Persönlichkeits- und Wesenskarte identisch. Ausnahme: Wenn die erste Zahl genau 22 ist, so ist deine Persönlichkeitskarte »Der Narr« (Ägyptisches Tarot: 22 = 0); deine Wesenskarte Nr. 4 »Der Kaiser«.

Die Jahreswachstumskarte zeigt die Energien, Aufgaben, Herausforderungen, Entwicklungsschritte etc., die im gegenwärtigen Lebensjahr (bzw. in vergangenen oder zukünftigen Lebensjahren) besonders aktuell sind.

Die Jahreswachstumskarte errechnet sich folgendermaßen:

– Addiere wie zuvor Tag und Monat deiner Geburt und füge das gegenwärtige Jahr hinzu: z.B. 24 + 2 + 1985 = 2011

– Bilde die Quersumme: z.B. 2 + 0 + 1 + 1 = 4 (Wachstumskarte)

– Vergleiche diese Zahl mit den Großen Arkanen (Nr. 4 ist hier Der »Kaiser« als Wachstumskarte)

Ist die Zahl höher als 22, so bilde die Quersumme.

Anmerkung: Die Jahreswachstumskarte gilt von Geburtstag zu Geburtstag für das jeweilige Lebensjahr (verändert sich also nicht mit dem Wechsel des Kalenderjahres).

7. Häufig wiederkehrende Symbole

Adler: »König der Vögel«; Neugeburt; Freiheit; spirituelle Erkenntnis; transformierte Sexualenergie;

Auge: Wahrnehmung, Erkenntnis;

Ei (geflügelt): Erneuerung;
(mit Schlange): Weltenei; Fruchtbarkeit, schöpferische Kräfte;

Erde: Materie; Körper; Geld; Besitz; Nahrung;

Farben: blau: Weisheit; mentale Ebene; braun: Erde, Materie; gelb: Geist; Spiritualität; gold: Transformation; grün: Kreativität; Wachstum; rot/orange: Vitalität, Lebensenergie, Feuer; violett: Farbe des geistigen Kriegers; intuitives Handeln;

Feuer: Energie, Lebenskraft; Intuition; Läuterung; Aktion; Dynamik;

Fisch: In Verbindung mit Wasser (siehe »Wasser«); Fruchtbarkeit; Seele; Unterbewußtes;

Flügel: Verkörperung des Immateriellen; Geist;

Fünfstern (Pentagramm): Uraltes magisches Zeichen; Spitze nach oben: Gesundheit, Erkenntnis, Glück, Harmonie; Spitze nach unten: verlorene Balance, Unglück, geistige Verblendung;

Kamel: Unabhängigkeit; Genügsamkeit;

Kelche: (Liebes)-Beziehungen; Träger des Elementes Wasser (siehe »Wasser«);

Kopfbedeckung/Kopfschmuck: Erweiterte Wahrnehmung; geistige Empfänglichkeit;

Krebs: Loyalität in Beziehungen; (Wahl-)Familie;

Kreuz: Verbindung zweier entgegengesetzter Bereiche; Überwindung der Polarität, Einheit;

Kristall: Klarheit; Erkenntnis;

Krone: Bewußtsein, Erkenntnis; königliches Attribut; Lotos: In der Regel in Verbindung mit Kelchkarten (Element Wasser); Liebe; Weißer Lotos: gebende Liebe; Rosa Lotos: empfangende Liebe;

Löwe: König der Tiere; Stärke, Mut; Kreativität;

Luft: Gedanken, Geist, mentale Kräfte; Kommunikation; Freiheit;

Mond: weibliches Prinzip; Empfänglichkeit;
Nacktheit: Offenheit, Verletzlichkeit, ohne Schutz; Freiheit;
Pfeil und Bogen: Zielgerichtetheit; direkte Kommunikation;
Pferd: Jugend, Kraft, Sexualität, Männlichkeit; Seelenführer;
Regenbogen: Ganzheit, Vollständigkeit, Harmonie, Verbindung;
Rose: In der Regel in Verbindung mit Schwertkarten: Erkenntnis, Klarheit, Wahrheit, Weisheit;
Scheiben (Münzen): Träger des Elementes Erde (siehe »Erde«);
Schlange (Reptilien): Transformation; Schlangen häuten sich, legen die alte Erscheinung ab;
Schmetterling: Transformation (von der Raupe zum Schmetterling); Freiheit;
Schwerter: Träger des Elementes Luft (siehe »Luft«);
Skorpion: Tod und Wiedergeburt; unterste Stufe der Transformationsleiter: Skorpion-Schlange-Adler;
Sonne: männliches Prinzip; kreative Energie;
Stäbe: Träger des Elementes Feuer (siehe »Feuer«);
Stier: Macht, Kraft; Fruchtbarkeit;
Taube: Unschuld, Reinheit; Friede;
Tiger: Angst;
Wasser: Gefühle, Empfindungen, Emotionen; Unterbewußtes;
Widder: Kraft; Neubeginn, Pionier.

Literaturempfehlung: Weitere Bücher des Autors:

1. Tarot – Spiegel deiner Bestimmung
2. Tarot – Spiegel deiner Beziehungen
3. Vision der Freude (Goldmann)

Der Autor

Gerd B. Ziegler gehört international zu den Pionieren im Bereich spiritueller Therapie und Transformation. Seit 1977 arbeitet er als Gruppenleiter, Therapeut, Trainer und spiritueller Lehrer.

Er ist Gründer des Tranformations-Trainings und Autor von VISION DER FREUDE sowie der drei meistgelesenen Tarotbücher: «Tarot – Spiegel der Seele, Spiegel deiner Beziehungen, Spiegel deiner Bestimmung».

Seine bisherigen Trainingsprojekte «Innerlich und äußerlich reich» (1982-1989) und «Vision der Freude» (seit 1990) wurden und werden von hunderten begeisterten Teilnehmern aus dem gesamten deutschsprachigen Raum besucht.

In den Gruppen und Trainings ermutigt er die Menschen, ihrer eigenen Wahrheit zu vertrauen, ihre verborgenen Kräfte und Fähigkeiten zu entdecken, ihr Liebespotential zu entfalten und auf ihre innere Stimme zu hören.

Gerd B. Ziegler

ist Begründer und Leiter des Selbsterfahrungs- und Trainingsprojekt

VISION DER FREUDE ist eine Lebensschule für Menschen, die eine innere Bereitschaft spüren, ein Jahr ihres Lebens einer intensiven, gründlichen und umfassenden Transformation zu widmen, ohne jedoch ihren alltäglichen Lebensrahmen zu verlassen.

Zahlreiche Teilnehmer aus dem gesamten deutschsprachigen Raum haben bereits von unseren Angeboten profitiert, haben Anstöße bekommen, ihr Leben bewußter und freudevoller zu erfahren und zu gestalten. Für viele war sogar der Besuch einer unserer Gruppen oder des Jahrestrainings ein Wendepunkt ihres Lebens.

Die Leiter und Mitarbeiter von VISION DER FREUDE haben es sich zum Ziel gesetzt, einen Rahmen zu schaffen, in dem Erkenntnis und Bewußtwerdung, Transformation und Heilung, Selbstfindung und Befreiung stattfinden kann. Wenn Du den Wunsch in Dir spürst,

- Dein eigenes Potential zu erforschen
- Dich von inneren Begrenzungen zu befreien
- Deine Herzenskraft zu entfalten
- gleichgesinnte Menschen kennen- und liebenzulernen
- Dich selbst und andere zu heilen
- einen tiefen Kontakt zu Deiner inneren Führung herzustellen und zu pflegen
- lebendiger und freudevoller durchs Leben zu gehen…

dann bieten die Seminare des Tranformations-Trainings VISION DER FREUDE eine ideale Möglichkeit, diesen Zielen ein entscheidendes Stück näher zu kommen. Gemeinsam mit Gleichgesinnten schaffen wir ein Energiefeld, d.h. eine Atmosphäre von Herzenswärme, Klarheit, Lebendigkeit, Achtsamkeit und Humor. Hier können Schmerzen angenommen und transformiert, innere Begrenzungen erkannt und aufgelöst werden.

Das öffnet einen Raum für das Wesentliche, für die Kraft, Klarheit und Allverbundenheit unseres wahren Selbstes. Sich selbst zu erkennen und zu bejahen ist das Größte, Wertvollste und Erfüllenste, das wir in unserem Leben finden können. Dafür sind wir hier auf dieser Erde, das ist der tiefste Sinn unseres Daseins, das bedeutet, Frieden und Glück kennenzulernen.

VISION DER FREUDE dient dem Erwachen zu uns selbst. Dadurch werden wir nach und nach fähig, auch andere Menschen in ihrer Entwicklung zu unterstützen. Deshalb ist das Jahrestraining sowohl intensivste Selbsterforschung als auch Anleitung, den entdeckten inneren Reichtum mit anderen Menschen zu teilen. Gerd B. Ziegler, Vatika B. Jacob und das VISION DER FREUDE-Team freuen sich darauf, Dich in einer unserer offenen Gruppen persönlich kennenzulernen. Sollten noch Fragen auftauchen: Unsere Mitarbeiter im Organisationsbüro beraten Dich gerne.

Information und Anmeldung:

VISION DER FREUDE
Aschaffenburgerstr. 42
D-63877 Sailauf
Tel. 06093/93126

Persönliche Briefe an:

Gerd. B. Ziegler und
Vatika B. Jacob
Turmhaus
D-74575 Bartenstein

Literaturhinweise

Bücher des Autors:

Gerd B. Ziegler: Tarot Mini Book – Herausforderungen meistern, Neuhausen: Urania Verlag 1994 (2. Aufl.), ISBN 3-908644-49-6.

Gerd. B. Ziegler: Tarot Mini Book – Erfolg und Fülle, Neuhausen: Urania Verlag 1994 (2. Aufl.), ISBN 3-908644-45-3.

Gerd B. Ziegler: Tarot Mini Book – Erotik & Sexualität, Neuhausen: Urania Verlag 1994 (2. Aufl.), ISBN 3-908644-47-X.

Gerd B. Ziegler: Tarot Mini Book – Entscheidungen treffen, Neuhausen: Urania Verlag 1994 (2. Aufl.), ISBN 3-908644-50-X.

Gerd B. Ziegler: Tarot Mini Book – Inspiration/Worte der Kraft, Neuhausen: Urania Verlag 1994 (2. Aufl.), ISBN 3-908644-48-8.

Gerd B. Ziegler: Tarot Mini Book – Liebe & Partnerschaft, Neuhausen: Urania Verlag 1994 (2. Aufl.), ISBN 3-908644-46-1.

Gerd B. Ziegler: Tarot – Spiegel deiner Bestimmung, Neuhausen: Urania Verlag 1993 (3. Aufl.), ISBN 3-908644-94-1.
Auch erhältlich im Set mit den Original Crowley Thoth Tarotkarten, ISBN 3-908646-37-5.

Gerd. B. Ziegler: Tarot – Spiegel deiner Beziehungen, Neuhausen: Urania Verlag 1993 (6. Aufl.), ISBN 3-908644-65-5.
Auch erhältlich im Set mit den Original Crowley Thoth Tarotkarten, ISBN 3-908646-07-3.

Gerd B. Ziegler: Vision der Freude, München: Goldmann Verlag 1992, ISBN 3-442-12155-8.

Bücher des Urania Verlags zum Crowley-Tarot:

Angeles Arrien: Handbuch zum Crowley-Tarot, Neuhausen: Urania Verlag 1991 (3. Aufl.), ISBN 3-908644-78-X.

Aleister Crowley: Das Buch Thoth (Ägyptischer Tarot), Neuhausen: Urania Verlag 1981 (8. Aufl.), ISBN 3-908644-73-9.

Crowley Tarot Jubiläums Set. Mit den Oringinal Crowley Thoth Tarotkarten, CD mit der Stimme Aleister Corwleys, «Das Buch Thoth», Neuhausen: Urania Verlag 1981, ISBN 3-908646-43-X.

Miki Krefting: Einführung in den Crowley-Tarot, Neuhausen: Urania Verlag (3. Aufl.), ISBN 3-908644-82-8.
Auch erhältlich im Set mit den Original Crowley Thoth Tarotkarten, ISBN 3-908646-19-7.